ANJA KLEIN

Hochbeet

Was mache ich wann?

Ernteglück das ganze Jahr

Mit acht Themenbeeten proved by **der-kleine-horror-garten.de**

KOSMOS

INHALT

Ernteglück das ganze Jahr

89 Die Musterbeete

Hey, ich bin Anja,

zusammen mit meinem Mann Andreas bestelle ich seit zwölf Jahren einen Schrebergarten in Köln. Während ich schon immer leidenschaftliche Gärtnerin war, kommt Andreas aus einer, sagen wir mal, eher gartenfernen Familie. Ich musste ihn ein bisschen zum Gartenglück überreden. Anfangs hat sich sein Einsatz dann auch auf chillen in der Hängematte und Blumen fotografieren beschränkt. Konnte er auf Dauer aber nicht durchhalten, ziemlich schnell hat auch ihn der Gartenvirus erwischt.

Als wir unseren Schrebergarten übernommen haben, ist sehr schnell das erste Hochbeet eingezogen. Warum?

Der Boden war ausgelaugt, im ursprünglichen Gemüsebereich warf ein Ahornbaum Schatten, außerdem hatten wir, nach einem radikalen Heckenrückschnitt, jede Menge Äste und Zweige rumliegen.

Mit dem Hochbeet konnten wir alle drei Probleme auf einmal lösen. Besserer Boden, Pflanzen näher ans Licht und der Heckenschnitt ist einfach darin verschwunden. Das Hochbeet war riesig und sah ein bisschen aus wie der schwarze Monolith aus *Odyssee im Weltraum*. Keine Schönheit also, aber die Ernte war überwältigend.

Seitdem haben wir in Sachen Hochbeet einiges dazugelernt. Der schwarze Monolith hat uns über elf Jahre begleitet. Erst letztes Jahr haben wir ihn durch ein etwas zierlicheres Modell aus Baudielen ersetzt. Über die Jahre ist die Zahl unserer Hoch- und Rahmenbeete auf 27 angewachsen. Bisschen verrückt, ich weiß. In diesem Buch habe ich mich dann auch auf acht Themenbeete beschränkt, um deine Hochbeetliebe zu wecken.

Anja Klein

GRUNDWISSEN FÜR HOCHBEET-GÄRTNER:INNEN

FRÜHE ERNTE

Eigenes Gemüse schon im April? Mit einem Hochbeet gar kein Problem. Asia-Salate, Eiszapfen, Radieschen und der leckere Osterrettich gehören zu den Schnellsten im Beet.

Warum ein Hochbeet?

Wenn man an unserem Garten vorbeispaziert, fällt unser kleiner Tetris-Garten mit seiner Mischung aus Rahmen- und Hochbeeten sofort ins Auge. Entsprechend oft werde ich gefragt, warum wir denn unser Gemüse in so komischen Holzkästen anbauen.

MEINE GRÜNDE

Weil es praktisch ist. Weil wir so direkt im ersten Gartenjahr eine ausgelaugte Rasenfläche für den Gemüseanbau nutzen konnten. Ohne lang umzugraben. Weil Gemüse in Hochbeeten einfach phänomenal gut wächst. Weil Unkraut kein großes Thema ist und Schädlinge auch nicht. Einmal aufgesetzt, macht so ein Hochbeet nur noch wenig Arbeit und unsere Ernten können sich wirklich sehen lassen. Mit einem Frühbeet-Aufsatz verlängern wir die Gemüsesaison und ernten quasi rund ums Jahr leckeres Bio-Gemüse, Kräuter und Salat aus unseren Hochbeeten.

GIBT ES WIRKLICH NUR VORTEILE?

Du weißt, wo Licht ist, ist auch Schatten, deshalb will ich dir die Nachteile vom Anbau in Hochbeeten auch nicht verschweigen. Da ist zum einen der Materialeinsatz für das Hochbeet. Den hast du beim Anbau in erdgebunden Beeten nicht. Einen Überblick über die verschiedenen Materialien, aus denen ein Hochbeet bestehen kann, bekommst du auf Seite 10. Dann natürlich die Füllung. In ein Hochbeet passt eine Menge organisches Material rein, vieles davon kommt aus deinem Garten, du kannst so zum Beispiel deinen Grünschnitt im Gartenkreislauf halten, aber wahrscheinlich musst du auch ein paar Säcke Erde zukaufen. Wie ein Hochbeet richtig befüllt wird, zeige ich dir auf Seite 29. Der letzte Punkt auf meiner Negativ-Liste ist das Nachfüllen. Bedingt durch den speziellen Aufbau (siehe S. 29) sackt ein Hochbeet im Verlauf der Saison ein und du musst im Frühling neue Erde nachfüllen. Im Idealfall erzeugst du die selbst mit deinem Komposthaufen. Oder du füllst dein Hochbeet mit gekaufter Erde auf.
Drei Nachteile versus zehn Vorteile (siehe rechts). Was meinst du? Bist du Team Hochbeet? Dann folge mir durch die nächsten 150 Seiten und werde selbst zum Hochbeet-Profi.

10 GUTE GRÜNDE FÜR HOCHBEETE

- Erde erwärmt sich früher, du kannst früher anbauen
- Erde bleibt länger warm, du kannst länger anbauen
- Üppigere Ernten, wegen der hohen Nährstoffdichte
- Du musst dich nicht bücken
- Weniger Unkraut
- Weniger Schädlinge
- Keine Wühlmäuse dank Bodengitter
- Möglichkeit, Grünschnitt unterzubringen
- Keine Bodenermüdung
- Anbau auch auf versiegelten Flächen, nährstoffarmen und belasteten Böden

Welches Material für dein Hochbeet?

Es gibt Hochbeete aus Holz, Metall, Stein und auch welche aus Kunststoff. Jedes Material hat seine Vor- und Nachteile. Wir haben in unserem Garten überwiegend Hochbeete aus Holz, ein paar aus Metall und auch eins aus Stein.

HOCHBEETE AUS HOLZ

Holz ist ein wunderschönes Material, ein nachwachsender natürlicher Rohstoff. Ich mag, wie sich die Oberfläche mit der Zeit verändert und immer mehr zu einem gewachsenen Teil des Gartens wird. Holz ist einfach zu bekommen, einfach zu bearbeiten und dabei relativ preiswert. Wobei der Preis sehr von der Holzart abhängt. Fertige Holz-Hochbeete oder Bausätze gibt es für jeden Geldbeutel. Wir haben viele unserer Beete selbst aus dicken Baudielen zusammengeschraubt. Auf Seite 28 findest du eine Anleitung dafür. Baudielen sind super stabil, günstig und aufgrund ihrer Dicke recht lange haltbar.
Haltbarkeit ist dann auch ein Punkt, der bei Holz zumindest begrenzt ist. Der ständige Kontakt mit feuchter Erde führt dazu, dass das Holz mit der Zeit verrottet und irgendwann ersetzt werden muss. Irgendwann. Die ersten Beete, die wir aus Baudielen gebaut haben, sind inzwischen acht Jahre alt und noch gut in Schuss. Dabei gehört Fichtenholz zu den weichen Hölzern, die eher schnell verrotten. Harte Hölzer wie Eiche, Robinie oder Lärche verrotten viel langsamer, sind aber auch teurer. Von den harten Hölzern ist Lärche mein Favorit. Es bekommt so eine schöne silbergraue Patina, du kennst das vielleicht von den Gartenmöbeln.

Schutz vor Feuchtigkeit

Holz-Hochbeete halten länger, wenn das Holz keinen direkten Kontakt zu feuchter Erde hat. Fertige Hochbeete sind deshalb je nach Preis mit einem Vlies, einfacher Folie oder Noppenfolie ausgekleidet. Noppenfolie hält Feuchtigkeit am zuverlässigsten fern. Schwarze Teichfolie finde ich persönlich aber unauffälliger als Noppenfolie. Unsere beiden Bausatz-Hochbeete aus Holz sind innen mit einem Vlies ausgekleidet. Zusätzlich haben wir sie von außen mit Bio-Holzlasur vor

1. Unser Hochbeet Marke Eigenbau aus dicken Baudielen

2. Gekaufter Hochbeet-Bausatz – wir haben ihn mit Bio-Holzlasur von außen vor Feuchtigkeit geschützt.

3. Ein Vlies schützt das Holz von innen vor Erdkontakt.

Feuchtigkeit geschützt. Bei unseren Baudielen-Beeten haben wir auf Schutz verzichtet. Sie sind weder mit Folie ausgekleidet, noch mit Lasur von außen behandelt. Wie bereits erwähnt, das älteste hat jetzt acht Jahre auf den Brettern und hält immer noch. Das liegt aber einfach an der Dicke der Dielen. Wenn du dünnere Bretter verwendest, solltest du sie schon schützen.

HOCHBEETE AUS STEIN

Das Steinbeet in unserem Garten ist in Trockenbauweise gesetzt, das heißt die Steine sitzen lose (ohne Mörtel) mit einer leichten Neigung nach innen aufeinander. Das geht bei runden Beeten sehr gut. Stabil wird es durch die Erde, die von innen an die Steine drückt und eben durch die Neigung. Die offenen Fugen bieten Lebensräume für zahlreiche Insekten und Wildbienen. Unser Beet ist ca. 40 cm hoch, aber auch höhere runde Beete lassen sich so stabil errichten.

HOCHBEETE AUS KUNSTSTOFF

Hochbeete aus Kunststoff gibt es in unserem Garten keine. Natürliche Materialien gefallen uns einfach besser. Außerdem: Metall und Steine halten ewig. Holz kann ich auf den Kompost geben,

Hochbeete aus Cortenstahl oder Stein sind richtige Hingucker und halten ewig. Dafür nehme ich gerne den höheren Aufwand beim Bauen in Kauf.

wenn es morsch wird. Wenn Kunststoff spröde wird – und das dauert, wenn er der Witterung ausgesetzt ist, gar nicht mal so lange – muss ich ihn, ohne Möglichkeit zur weiteren Verwertung, entsorgen.

HOCHBEETE AUS METALL

Bei Hochbeeten aus Metall ist Haltbarkeit kein Thema. Die kannst du sogar noch deinen Kindern und Enkelkindern vererben. Mit Blick auf die lange Lebensdauer lässt sich dann auch der etwas höhere Preis verkraften. Stabile Hochbeete aus Metall sind nicht gerade günstig und Selbstbauen ist bei dem Material eher nicht drin, es sei denn, du hast zufällig eine Schweißerausrüstung im Keller. Wir haben das übrigens trotzdem versucht. Das Ergebnis kannst du dir auf Seite 15 ansehen. Optisch machen Metall-Hochbeete aus Cortenstahl mit ihrer rostigen Oberfläche ganz schön was her. Edelstahlbeete mit glänzender Oberfläche gefallen mir persönlich nicht so gut, aber das ist Geschmackssache.

UNERWÜNSCHTE BESUCHER

Absolut empfehlenswert ist in jedem Fall ein Bodenschutz gegen Wühlmäuse. Für die herrschen in einem Hochbeet paradiesische Bedingungen, es ist warm, trocken und der Vorratsschrank ist stets gut gefüllt. Wir haben deshalb alle unsere Hochbeete auf ein stabiles Gitter mit einer Gitterweite von 6 mm gesetzt. Schneide das Gitter so zu, dass du es am Rand 2 oder 3 cm nach oben umklappen kannst (siehe S. 28). So haben die Wühlmäuse wirklich keine Chance auf eine Luxus-Maisonette mit All-you-can-eat-Buffet.

Die optimale Größe für ein Hochbeet

Wie hoch, wie lang, wie breit soll eigentlich das perfekte Hochbeet sein? Wenn du einen Blick auf unsere Hochbeet-Familie wirfst, merkst du schnell, dass sie aus sehr unterschiedlichen Mitgliedern besteht. Es gibt hohe, niedrige, lange und kurze.

Eines haben alle gemeinsam – sie sind nicht breiter als 1,20 m. Der Grund ist ganz einfach: Mein Arm ist 60 cm lang, also erreiche ich von beiden Seiten gut die Beetmitte. Wenn du besonders lange Arme hast, kannst du die Beete natürlich auch breiter bauen. Auch bei der Höhe kannst du dich nach deiner Größe richten. Für mich mit meinen 1,60 m sind 70 cm bequem, für Andreas mit seinen 1,85 m wären 85 cm bequemer. Wichtig ist auch, was du in den Beeten anbauen willst. Je höher das Gemüse wird, desto niedriger sollte das Beet sein, wenn du nicht mit einer Leiter ernten willst.

Die Kleinsten: Rahmenbeete

Wir haben einige Beete, die nur 25 cm hoch sind. Das sind allerdings im klassischen Sinn keine Hochbeete. Es sind Rahmenbeete. Sie unterscheiden sich von den Hochbeeten durch den Aufbau der Füllung. Während Hochbeete mit verschiedenen Materialien gefüllt werden (siehe S. 29), besteht die Füllung unserer Rahmenbeete einfach nur aus Gartenerde, die wir mit abgelagertem Pferdemist angereichert haben.

Sonderformen für Hochbeete

Hochbeete müssen nicht immer rechteckig sein. In manchen Beeten geht's auch rund. Die Kräuterspirale ist letztlich auch sowas wie ein Hochbeet, aber es gibt auch Hochbeete die nicht nur eine andere Form, sondern auch eine andere Funktionsweise haben.

KRÄUTERSPIRALE

Auch eine Kräuterspirale ist im Prinzip ein Hochbeet. Das Besondere daran ist die Aufteilung in verschiedene Zonen durch verschiedene Erdmischungen. Ganz oben wachsen die mediterranen Kräuter. Sie brauchen viel Sonne und eine gut wasserdurchlässige Erde, deshalb wird die Erde in diesem Bereich mit Sand abgemagert. In der mittleren Zone wachsen Kräuter mit mehr Nährstoffbedarf, hier wird einfach torffreie Blumenerde verwendet. Daran schließt sich die feuchte Zone mit einem kleinen Teich an. Die Erde wird in diesem Bereich mit Kompost angereichert, wer hat, mischt Lehm unter.

KARTOFFEL- ODER ERDBEERTURM

Bevor wir unsere Gartenfläche vergrößern konnten, hatten wir irgendwie immer zu wenig sonnige Beetfläche. Weil ich trotzdem gerne Kartoffeln anbauen wollte, haben wir aus einer Baustahlmatte einen Zylinder geformt und ihn mit Stroh, Erde und Pflanz-Kartoffeln gefüllt. So ein Kartoffelturm hat den Vorteil, dass nicht nur die Grundfläche, sondern auch die vertikalen Flächen zum Anbau genutzt werden. Du baust quasi in mehreren Etagen an und kannst auf kleiner Fläche mehr ernten.
Das gleiche Prinzip funktioniert auch bei Erdbeeren. Wichtig ist nur, dass du für eine gute Wasserzufuhr sorgst. Wegen der großen Oberfläche trocknet der Turm leicht aus. Nach unserer Erfahrung ist die Ernte nicht riesig, aber doch größer, als auf der Grundfläche zu erwarten wäre. Die Kartoffeln wachsen in mehreren Lagen und obendrauf hast du Platz für zusätzliche Kulturen, zum Beispiel Salat.

Vertikale nutzen

Mit einem Kartoffelturm kannst du deine Anbaufläche ganz einfach vergrößern.

DAS KOMPOST-HOCHBEET

Vor ein paar Jahren bin ich auf die afrikanischen Keyhole-Beete gestoßen. Sie wurden speziell für heiße, trockene Regionen mit nährstoffarmen Böden entwickelt. Der integrierte Kompostschacht in der Mitte sorgt für Feuchtigkeit und automatischen Nährstoffnachschub. Wir haben das Prinzip etwas abgewandelt und eine ganz neue Hochbeet-Form, das Kompost-Hochbeet, entwickelt.

1. Unser Kompost-Beet besteht aus Stahlblech. Es hat einen Durchmesser von 1,30 m und ist 70 cm hoch. In der Mitte befindet sich ein Kompostschacht aus einem Metallgitter mit einem Durchmesser von 30 cm. Ein Freund hat uns den 4 mm dicken Stahlzuschnitt professionell gebogen und verschweißt. Wir mussten nur noch den Kompostschacht aus Drahtgitter biegen und das Beet füllen.

2. Das Beet steht auf Steinplatten, damit die Feuchtigkeit länger im Beet bleibt. Die Füllung besteht aus mehreren Schichten. Zuerst wird trockenes Material wie Laub oder zerkleinerter Strauchschnitt eingefüllt. Darauf folgt eine Schicht halbfertiger Kompost, im Anschluss Gras- oder anderer Grünschnitt. Das letzte Drittel wird mit torffreier Blumenerde aufgefüllt.

3. Das Besondere hier ist, dass wir eine größere Menge Terra Preta (gibt es als fertig gemischtes Substrat zu kaufen) untergemischt haben. Sie wird auf die einzelnen Schichten gestreut und sorgt für ein besseres Wasserspeichervermögen der Erde.

4. Den Kompostschacht haben wir zunächst mit 20 cm reifem Kompost und 500 Kompostwürmern geimpft (Bestellmöglichkeit, siehe S. 152) und dann täglich alle anfallenden organischen Küchenabfälle dort hinein entsorgt. Die Würmer verwandeln die Abfälle in wertvollen Wurmkompost. Die Pflanzen nehmen über ihre Wurzeln die Nährstoffe und die freiwerdende Feuchtigkeit daraus auf.

Welche Werkzeuge brauchst du?

Dein Hochbeet steht, gefüllt ist es auch schon, den großen Spaten kannst du jetzt erstmal zur Seite stellen. Zum Säen, Pflanzen und Pflegen haben sich bei uns eine Handvoll Werkzeuge bewährt.

Das japanische Gartenmesser

Für mich der Allrounder schlechthin. Ich nutze es, um die Erde zu lockern, Unkraut zu entfernen, Pflanzlöcher zu graben, Saatrillen zu ziehen. Durch die praktische Zentimeter-Skala auf der Scheide kann ich damit sogar die Pflanzabstände und Pflanztiefen messen.

Stabile Gießkanne mit Brausekopf

Gönn dir eine anständige Gießkanne. Modelle aus Metall sind haltbar und schön, bringen aber einiges an Eigengewicht auf die Waage. Wenn du dich für Kunststoff entscheidest, dann wähle einen haltbaren, der nicht ausbleicht und auch nicht so schnell Risse bekommt.

Ein Grubber mit kurzem Stiel

Den Grubber brauchst du vor allem zu Beginn der Hochbeete-Saison, um die Erde schön gleichmäßig zu verteilen und ein feines Saatbeet zu bereiten.

Kleine Handschaufel

Wenn ich doch mal größere Pflanzlöcher machen muss, nehme ich dafür meine halbrunde Pflanzschaufel mit stabilem Holzgriff.

Das Erntemesser

Natürlich kannst du dein Gemüse auch mit einem kleinen Haushaltsmesser ernten. Mit der Erntehippe geht's aber ein kleines bisschen besser und ich finde es praktisch, dass ich nach der Ernte die Klinge einfach einklappen kann.

Die Gartenschere

Irgendwas muss immer mal abgezwickt werden. Dafür brauchst du eine anständige Gartenschere, bei der man die Klingen austauschen kann. Achte beim Kauf darauf, dass die Schere gut in deiner Hand liegt. Es gibt Modelle in verschiedenen Größen. Ich verwende ein Linkshänder-Modell.

Handschuhe

Zugegeben, ich wühle oft mit bloßen Händen in der Erde, braune Ränder unter den Fingernägeln inklusive. Passt aber nicht immer und lässt sich auch nicht immer so einfach entfernen. Deshalb habe ich, für Tage, an denen die Hände sauber bleiben sollen, ein ganzes Arsenal an Gartenhandschuhen in der Schublade. Meine Favoriten: ein dünnes Modell mit gummierter Vorderseite und gummierten Fingerkuppen. Hält leider nicht ewig, irgendwann werden sie undicht. Für grobe Arbeiten, wie Hochbeet voll- oder leerschaufeln, ziehe ich Handschuhe aus Leder an. Die schützen vor Dreck und vor Blasen an den Händen.

Der Erntekorb

Ich verwende zum Ernten gerne Körbe aus Metalldraht. Für empfindliches Gemüse oder Obst nehme ich lieber kleine Holzkistchen oder Spankörbe.

GÄRTNERN NACH PHÄNOLOGISCHEN JAHRESZEITEN

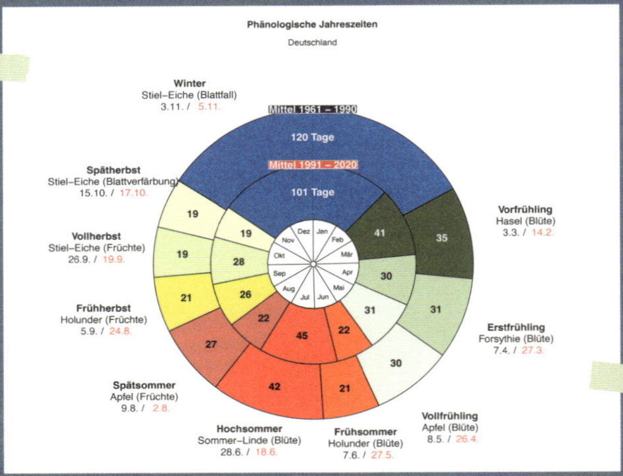

UNSER KLIMA VERÄNDERT SICH

An der Verschiebung der phänologischen Jahreszeiten in den letzten Jahrzehnten in Deutschland lässt sich das gut ablesen. Der Frühling wird länger, der Winter schwindet. (Quelle: Deutscher Wetterdienst)

Frühling bei uns im Garten

Was sind phänologische Jahreszeiten?

Hast du schon mal was von den phänologischen Jahreszeiten gehört? Es gibt jede Menge davon, zehn, um genau zu sein. Im Gegensatz zu den kalendarischen Jahreszeiten beginnen und enden sie nicht an einem festen Datum, sondern richten sich nach dem Erscheinen sogenannter Zeigerpflanzen.

DIE JAHRESZEITEN DER NATUR

Die Idee dahinter ist, dass sich Vegetationsperioden in der Natur periodisch wiederholen und von bestimmten Pflanzen eingeleitet werden. Der Frühling beginnt dann eben nicht am 1. März, sondern erst, wenn die Apfelbäume blühen. Und laut den phänologischen Jahreszeiten gibt es nicht einfach nur den Frühling, es wird zusätzlich unterschieden zwischen Vorfrühling, Erstfrühling und Vollfrühling. Auch Sommer und Herbst gibt es jeweils gleich dreimal. Phänologen sprechen von Frühsommer, Hochsommer, Spätsommer und von Frühherbst, Vollherbst und Spätherbst. Einzig der Winter bleibt einfach der Winter.

Hört sich kompliziert an, ist aber ein sehr praktischer Ansatz. Wir müssen nicht in den Kalender schauen, bevor wir in die Aussaatkiste greifen, stattdessen schauen wir, was um uns herum wächst und blüht. Das macht alleine schon deswegen Sinn, weil sich die klimatischen Bedingungen in den verschiedenen Regionen Deutschlands stark unterscheiden. Wenn es in Köln warm genug zum Aussäen ist, liegt in Kempten vielleicht noch ein halber Meter Schnee. Aber wenn die Forsythie in deinem Garten blüht, dann liegen die schlimmsten Fröste hinter dir, egal ob du an der Ostsee, in Bayern oder im milden Rheinland gärtnerst.

PHÄNOLOGIE UND KLIMAWANDEL

Auch mit Blick auf den Klimawandel macht es Sinn, wenn du dich an den phänologischen Jahreszeiten ausrichtest. In der Grafik vom Deutschen Wetterdienst auf Seite 20 kannst du sehen, wie sich die Jahreszeiten in den letzten Jahrzehnten bereits verschoben haben.

Während der beiden angezeigten Zeiträume von 1961 bis 1990 und von 1991 bis 2020 hat sich die Vegetationsperiode um 19 Tage verlängert. Der Frühling beginnt immer früher, der Winter wird dagegen immer kürzer.

DIE ZEIGERPFLANZEN

Wenn du wissen willst, welche phänologische Jahreszeit jetzt gerade ist, musst du dich im Garten und in der Natur nach den sogenannten Zeigerpflanzen umschauen. Dafür wurden Wild-, Nutz- und Zierpflanzen, die häufig vorkommen und leicht zu beobachten sind, ausgewählt.

Phänologische Jahreszeit	Beschreibung	Zeigerpflanzen
Vorfrühling	Schneeglöckchen und Haselnuss läuten mit ihrer Blüte den Vorfrühling ein. Noch sind die Tage kurz und die Nächte kalt, aber im Hochbeet kannst du trotzdem schon kältetolerante Gemüse aussäen.	 Schneeglöckchen
Erstfrühling	Sobald die Forsythie blüht, beginnt der Erstfrühling. Die Erde im Hochbeet ist jetzt warm genug für viele Gemüse-Saaten und die ersten vorgezogenen Jungpflanzen dürfen schon ins Beet.	 Forsythien
Vollfrühling	Wenn die Apfelbäume blühen, ist der Vollfrühling gekommen. Tagsüber wird es jetzt schon richtig warm und die Tage werden merklich länger. Jetzt geht die Gartensaison so richtig los. Bevor die kälteempfindlichen Gemüsepflanzen ins Hochbeet dürfen, musst du aber noch die Eisheiligen Mitte Mai abwarten.	 Apfel
Frühsommer	Mit der Holunderblüte beginnt der Frühsommer und das Wachstum in deinem Hochbeet explodiert. Lange Tage und milde Nächte sorgen für einen Wachstumsschub bei wärmeliebenden Kulturen. Dein Erntekorb füllt sich langsam.	 Holunderblüte
Hochsommer	Die Blüten der Sommer-Linde riecht man lange, bevor man sie sieht. Ihr süßer Duft markiert den Beginn des Hochsommers. Du bist hauptsächlich mit Gießen, Ernten und Genießen beschäftigt. Jetzt ist auch der richtige Zeitpunkt, um Wintergemüse zu säen.	 Sommer-Linde

Phänologische Jahreszeit	Beschreibung	Zeigerpflanzen
Spätsommer	Mit der Fruchtreife früher Apfelsorten beginnt der Spätsommer. Zeitgleich färben sich die Früchte der Eberesche rot. Dein Erntekorb ist immer noch gut gefüllt. Das vorgezogene Wintergemüse zieht jetzt ins Hochbeet um.	 Eberesche
Frühherbst	Sobald sich die Beeren des Holunders schwarz färben, ist der Sommer vorbei und der Frühherbst da. Die Tage werden kürzer, an manchen Abenden brauchst du wieder einen Pullover. Trotzdem kannst du immer noch ernten und säen.	 Holunderbeeren
Vollherbst	Die Eicheln fallen auf den Boden, die grüne Walnussschale platzt auf, der Vollherbst hat begonnen. Du musst jetzt mit ersten Nachtfrösten rechnen. Frostempfindliches Gemüse erntest du besser vorher. Mit einem Frühbeet-Aufsatz kannst du die Saison verlängern.	 Walnuss
Spätherbst	Bunte Blätter an der Stiel-Eiche und Blattfall bei der Eberesche kündigen den Spätherbst an. Kurze Tage, kalte Nächte, jetzt wächst nichts mehr. Wenn du Wintergemüse gepflanzt hast, kannst du trotzdem noch ernten.	 Blattwurf bei Stiel-Eiche
Winter	Wenn auch die Stiel-Eiche ohne Blätter dasteht, hat der Winter begonnen. Die Zeit scheint stillzustehen, die Natur macht Pause und sammelt Kraft für den nächsten Frühling. Bei kluger Planung versorgen deine Hochbeete dich immer noch mit frischem Gemüse.	 Kahle Stiel-Eiche

WAS STEHT AN IM
VORFRÜHLING?

- → Sonnigen Standort für dein Hochbeet wählen
- → Boden am Standort einebnen
- → Material besorgen
- → Hochbeet bauen
- → Hochbeet füllen
- → Erste kältetolerante Aussaaten
- → Rankhilfen bauen und anbringen

Deine erste Saison beginnt

Die Haselnuss blüht, das Schneeglöckchen auch, der Winter ist vorbei. Auch wenn du das an den Temperaturen nicht immer so merkst – es kann schließlich noch ganz schön kalt werden –, beginnt die Hochbeet-Saison.

DAS ERSTE HOCHBEET

Wenn du noch keins hast, wird es jetzt Zeit, eines zu bauen und aufzufüllen. Dabei wird dir auch garantiert warm. Sobald es steht, kannst du die ersten kältetoleranten Gemüse aussäen (siehe S. 83).

DER OPTIMALE STANDORT

Gemüse braucht Sonne zum Wachsen, mindestens sechs Stunden täglich sollten es schon sein. Mehr Sonnenstunden vergrößern die Auswahl an Gemüse, das du pflanzen kannst. Such also für dein Hochbeet einen schönen sonnigen Standort in deinem Garten aus.

HOCHBEET BAUEN

Wir haben uns bei unseren Hochbeeten für eine einfache Bauweise und günstige Baudielen aus Fichte entschieden. Auf Holzbehandlung und Vlies oder Plastikfolie verzichten wir bewusst. Unser ältestes Beet ist acht Jahre alt und steht immer noch. Wenn das Holz einmal verrottet ist, können wir es über den Kompost entsorgen oder ein neues Hochbeet damit füllen.

Was kostet ein Hochbeet aus Holz?

Die Kosten für das Baumaterial hängen vom Holzpreis ab und der schwankt in den letzten Jahren sehr. Wir haben für unser Hochbeet ca. 130 € ausgegeben. Fertige Bausätze aus Lärchenholz gibt es ab ca. 270 € zu kaufen. Die Abläufe beim Aufbau sind in etwa gleich. Für die schmalen Lärchenbretter musst du nur etwas mehr Zeit zum Zusammenschrauben einrechnen.

Für die Füllung kommen noch einmal Kosten von ca. 100 € für die torffreie Blumenerde dazu. Du kannst stattdessen auch Muttererde verwenden, wenn du welche hast. Es macht aber Sinn, zumindest die letzten 10 cm mit torffreier Blumenerde zu füllen. Das hat den Vorteil, dass dein Beet unkrautfrei bleibt. In Muttererde sind immer Unkrautsamen enthalten. Wenn du sie trotzdem als oberste Schicht verwendest, warte 14 Tage ab, bevor du säst und pflanzt. Dann sind die meisten Unkrautsamen gekeimt und du kannst sie jäten. Die Erde solltest du dann vor dem Einsäen nicht mehr viel bewegen, damit keine neuen Unkrautsamen nach oben kommen und keimen.

Warum torffreie Erde?

Wir gärtnern torffrei. Warum machen wir das? Voraussetzung für den Abbau von Torf ist die Trockenlegung von Mooren. Dort hat sich Torf in

1

2

1. Den Grubber brauchst du, sobald das Hochbeet gefüllt ist.

2. Ein Hochbeet-Bausatz ist schnell aufgebaut, zumindest, wenn du einen Akkuschrauber hast.

Jahrtausenden unter Luftausschluss gebildet und dabei große Mengen an CO_2 gebunden. Ein Meter Torf benötigt 1000 Jahre, um zu einer so dicken Schicht zu wachsen. Gestochen ist er dagegen schnell. Obwohl Moore nur 3 % der Erdoberfläche bedecken, speichern sie rund 30 % des erdgebundenen Kohlenstoffs, das ist doppelt so viel CO_2 wie alle Wälder zusammen. Durch die Trockenlegung und den Abbau wird dieses CO_2 wieder freigesetzt. Keine gute Idee, wenn man bedenkt, wie wichtig es in Zeiten des Klimawandels ist, den weltweiten CO_2-Ausstoß zu verringern. Außerdem bieten Moore einer Vielzahl von Tieren und Pflanzen Lebensraum und Nahrung zugleich. Zur Zerstörung dieses vielfältigen Ökosystems wollen wir mit unserem Garten auf keinen Fall beitragen und deshalb kommt Torf für uns nicht infrage. Es wäre toll, wenn auch du dich für die torffreie Variante entscheiden würdest.

Material vollständig besorgt? Werkzeug vorhanden? Einfach umblättern, dann kann's losgehen.

DAS BRAUCHST DU …

… für ein Hochbeet (2 × 1 × 0,60 m):

- 6 × 2 m lange Baudielen aus Fichte, 4 cm dick, 20 cm hoch
- 6 × 1 m lange Baudielen aus Fichte, 4 cm dick, 20 cm hoch
- 4 × 60 cm lange Vierkanthölzer, Durchmesser 5 × 5 cm
- 48 Spax-Schrauben, 70 mm lang
- Akkuschrauber
- Wühlmausschutz: 2,10 m lang, 1,10 m breit, Maschenweite 6 mm
- Handschuhe
- 60 Nägel, 20 mm lang
- Hammer, Wasserwaage und evtl. eine Säge, wenn du das Holz selbst zuschneiden willst

Für die Füllung:

- Grobe Äste und Heckenschnitt
- 1 m^3 groben Kompost, Grünschnitt oder Rasensoden
- 0,5 m^3 feinen Kompost
- 7 bis 10 70-l-Säcke torffreie Blumenerde

HOCHBEET SELBST BAUEN

1. Unser Hochbeet besteht aus drei Rahmen übereinander. Nimm dir für den ersten Rahmen zwei 2-m-Bretter und zwei 1-m-Bretter und schraube sie an den Ecken mit je zwei Spax-Schrauben zusammen. Die weiteren Rahmen ebenso zusammenschrauben.

2. An einem der Holzrahmen bringst du das Wühlmausgitter an. Zieh dir dafür am besten Handschuhe an, das Gitter piekst. Lass das Gitter an den Rändern etwas überstehen. Alle 10 cm schlägst du einen Nagel zur Hälfte ein und dann krumm, um das Gitter zu befestigen. Achte darauf, dass das Gitter fest aufliegt. Die überstehenden Ränder biegst du nach oben um, so haben die Wühlmäuse keine Chance, von unten in dein Hochbeet zu kommen.

So wird das Hochbeet stabil

3. Lege den Rahmen mit dem Gitter auf die vorbereitete Beetfläche. Prüfe die Ausrichtung mit der Wasserwaage. Wenn das Beet schief steht, fließt später das Gießwasser in eine Richtung und die Pflanzen bekommen unterschiedlich viel Wasser. Lege die anderen beiden Rahmen auf den ersten Rahmen. In jede Ecke kommt ein Eckpfosten. Verbinde ihn mit je einer Schraube pro Rahmen und Seite, also sechs Schrauben pro Pfosten.

4. Voilà, dein Hochbeet steht und kann befüllt werden. Zuerst füllst du den groben Ast- und Heckenschnitt rein. Das Hochbeet kann ruhig zu einem Drittel voll werden. Hüpf zwischendurch immer mal wieder im Beet herum, damit sich die Schicht etwas verdichtet. Dann sackt die Erde in deinem Hochbeet später nicht so sehr ein.

5. Die nächste Schicht besteht aus grobem Kompost, Grünschnitt oder Rasensoden. Nimm einfach alles, was du hast. Einzige Einschränkung: Hartnäckige Wurzelunkräuter wie Ackerwinde sollten lieber draußen bleiben. Auch diese Schicht solltest du durch Hüpfen etwas verdichten. Dein Hochbeet ist jetzt zu gut zwei Dritteln gefüllt.

Fast geschafft!

Dein Hochbeet ist voll und du fragst dich, wo die torffreie Blumenerde noch hin soll? Warte ein bis zwei Wochen ab, die Hochbeet-Füllung wird sich in der Zeit soweit setzen, dass du ohne Probleme die zehn Säcke reinschütten kannst.

6. In deiner Kompostmiete ist jetzt hoffentlich noch reichlich feiner Kompost. Sieben musst du ihn nicht, hau ihn einfach in dein Hochbeet. Wenn du keinen eigenen Kompost hast, frag mal bei deinen Stadtwerken oder einem Wertstoffhof nach. Dort gibt es oft Kompost aus städtischer Produktion günstig zu kaufen.

2

1

1. Rankhilfen aus Haselzweigen sind günstig und stabil.

2. Die Reisigzweige werden bald unter den üppig rankenden Zuckererbsen verschwinden. Verankere sie gut in der Erde.

RANKHILFEN IM HOCHBEET

Erbsen, Bohnen und Gurken wollen hoch hinaus und brauchen dabei ein bisschen Unterstützung.

Rankhilfen aus Reisig

Für Erbsen und Bohnen reichen einfache Rankhilfen aus Reisig. Leg dir also etwas Heckenschnitt zurück, du kannst ihn in ein paar Wochen gut brauchen. Er wird einfach in zwei Reihen, direkt neben der Saat ins Beet gesteckt. Hat auch den Vorteil, dass Vögel nicht so gut an die frisch gesäten Kerne rankommen.

Rankhilfe aus Haselnuss, Weide oder Bambus

Ein bisschen stabiler, öfter einsetzbar und zudem noch hübsch ist eine selbstgebaute Rankhilfe aus Haselnuss, Weide oder Bambus. Das Material richtet sich danach, was in deinem Garten verfügbar ist. Wie es geht, siehst du auf Seite 31.

Rankgitter aus Metall

Eine preiswerte Variante sind einfache Estrichmatten aus dem Baumarkt. Damit kannst du auch einen schönen Rankbogen zwischen zwei Hochbeeten bauen und das Gemüse kann sich gegenseitig besuchen.

RANKHILFE AUS BAMBUS SELBST BAUEN

1. Für eine ca. 1 m hohe und 1 m breite Rankhilfe brauchst du Bindedraht, 12 Bambusstäbe (Ø ca. 5 mm, 1,20 m lang), fünf Stäbe (Ø ca. 3 mm, 1,20 lang) und zwei Stäbe (Ø 10 bis 15 mm, 2,00 m lang). Du benötigst eine ebene Fläche die etwas größer ist, als dein Gitter werden soll. Beginne mit zwei Stäben und lege sie kreuzförmig übereinander.

2. Lege das nächste Stabkreuz 10 cm versetzt auf das erste. Fahre so fort, bis du – bis auf vier Stäbe – alle 1,20 m langen Stäbe verbraucht hast.

3. Die Stäbe verrutschen leicht, du kannst sie mit Bindedraht untereinander fixieren, dann geht es einfacher. Lege jeweils einen Stab an das Ende des Gitters und fixiere ihn mit Bindedraht an den gekreuzten Stäben. Halbiere die restlichen zwei Stäbe, lege sie in die Ecken und fixiere sie mit Bindedraht an den Randstäben.

4. Flechte jetzt die dünnen Stäbe von rechts und links an den Kreuzungspunkten in das Gitter. Durch das Einflechten wird das Gitter sehr stabil. Im Beet befestigst du es mit Draht an den beiden langen Stäben, die du tief in die Erde steckst.

WAS STEHT AN IM

ERSTFRÜHLING?

→ Saatgut kaufen
→ Bei altem Saatgut Keimtest machen
→ Anzuchttöpfe vorbereiten
→ Torffreie Aussaaterde selbst herstellen
→ Gemüsepflanzen vorziehen
→ Direktsaat im Hochbeet
→ Jungpflanzen kaufen

Erste Aussaaten

Die gelben Blüten der Forsythie leuchten, der Erstfrühling ist da, jetzt kannst du so richtig loslegen mit der Hochbeetgärtnerei. Aber vorher versorge ich dich noch mit ein bisschen nützlichem Wissen zum Thema Aussaat und Jungpflanzen.

SAATGUT KAUFEN

Wenn du Saatgut neu kaufst, kannst du dich zwischen samenfestem Saatgut und F1-Hybrid-Saatgut entscheiden. Wo liegt der Unterschied?

Samenfest versus F1-Hybride

Von samenfestem Saatgut kannst du später eigenes Saatgut gewinnen. Wenn du es wieder aussäst, bekommst du Pflanzen mit den genau gleichen Eigenschaften, die die Mutterpflanze hatte. Viele samenfeste Sorten werden schon seit Jahrzehnten vermehrt. Sie sind optimal an verschiedene Regionen angepasst und sie zeigen eine große Vielfalt in Form, Farbe und Geschmack.
Für F1-Hybrid-Saatgut werden in der Regel zwei künstlich erzeugte Inzuchtlinien miteinander verkreuzt, deren direkte Nachkommen dann alle die gleichen Eigenschaften haben. Der Vorteil: So lassen sich Pflanzen mit Resistenzen, besonders hohen, stabilen Erträgen oder besonders großen Früchten erzeugen. Der Nachteil: Wenn du von diesen F1-Hybriden Saatgut gewinnst und wieder aussäst, zerfallen die Nachkommen in die Eigenschaften der beiden Elternlinien – du bekommst sehr unterschiedliche, meist unbrauchbare Ergebnisse. F1-Pflanzen kannst du also nicht einfach selbst vermehren, sondern musst immer wieder neues Saatgut kaufen. Für die Züchter von F1-Saatgut ist das ein gutes Geschäft, für die Vielfalt im Garten eher ein Verlust. Da die Entwicklung der F1-Hybriden Zeit und Geld kostet, gibt es dann halt nur zehn Tomatensorten und nicht 3 000 wie bei den samenfesten Sorten. Ich bin ein großer Fan von Vielfalt, von mir gibt's daher an dieser Stelle eine klare Empfehlung für samenfestes Saatgut, am besten in Bio-Qualität.

GEMÜSEPFLANZEN VORZIEHEN

Wenn du deine Gemüsepflanzen selbst vorziehen willst, brauchst du einen sehr hellen, nicht zu warmen Platz. Optimal wäre ein frostfreies Gewächshaus, aber wer hat das schon? Eine breite Fensterbank an einem sonnigen Fenster geht auch, sofern keine Heizung darunter bollert. Beim Licht kannst du mit einer speziellen Pflanzenlampe nachhelfen. Hell und kühl ist auf jeden Fall immer besser als dunkel und warm.

Topfpaletten wie die Profis

Ich säe inzwischen am liebsten in Topfpaletten. Die sind zwar aus Plastik, aber so stabil, dass sie praktisch nicht kaputtgehen. Sie sind super platz-

1

2

1. Mit der Topfpresse machst du dir einfach deine eigenen Aussaattöpfe, ganz ohne Plastik.

2. Oder du recycelst etwas, das du schon hast, zum Beispiel leere Tetrapacks.

sparend, wenn man, wie ich, recht viel vorzieht. Es gibt sie in verschiedenen Größen, für die meisten Sorten hat sich bei mir die 52er-Palette bewährt. An der Unterseite haben die Töpfe ein großes Loch, die fertig bewurzelten Jungpflanzen lassen sich mit dem Finger ganz einfach und ohne die Wurzeln zu verletzen aus dem Topf drücken und einpflanzen.

Anzuchttöpfe aus Recycling-Material

Wenn du dich einmal in deinem Haushalt umschaust, findest du schnell eine Menge Dinge, die du für die Herstellung von Anzuchttöpfen verwenden kannst. Leere Tetra-Packs, Eierkartons, Klopapierrollen, Zeitungspapier, pfandfreie PET-Flaschen und wahrscheinlich auch Plastikbehälter aus dem Supermarkt, in denen du Obst und Gemüse nach Hause getragen hast. Bevor das alles im Mülleimer landet, darf es eine zweite Karriere in der grünen Branche starten.

Anzuchttöpfe aus der Topfpresse

Ganz ohne Topf geht es mit einer Topfpresse. Die Herstellung geht schnell und ist kinderleicht:

1. Anzuchterde etwas anfeuchten, damit sie gut zusammenhält.

2. Erde in Presse füllen, durch Pressen anständig verdichten.

3. Fertiges Erdtöpfchen vorsichtig aus der Presse drücken.

4. An der Oberseite ist bereits eine Vertiefung für das Saatkorn vorhanden.

Ist dein altes Saatgut noch keimfähig? Ein Keimtest wird es dir verraten.

Spezielle Aussaaterde

Damit die Keimlinge zu großen, starken Gemüsepflanzen heranwachsen, müssen sie kräftige Wurzeln ausbilden. Das klappt am besten, wenn sie ihre Jugend in nährstoffarmer Erde verbringen. Ihre Wurzeln geben dann alles, um die wenigen vorhandenen Nährstoffe zu erreichen. Sie recken und strecken sich und bilden ein weit verzweigtes Wurzelwerk.
Normale Blumenerde ist für die Bedürfnisse großer Pflanzen vorgedüngt. Für den Pflanzennachwuchs ist das zu viel Futter. Beim All-you-can-eat-Angebot schießen sie schnell übers Ziel hinaus. Die Folge: lange weiche Stiele, kaum Wurzeln, gelbe Blätter.
Die optimale Anzuchterde ist luftig und locker, kann viel Wasser speichern, enthält wenig Nähstoffe, und sie ist vor allem keimfrei. Gegen Pilze oder Schädlinge hätten die zarten Jungpflanzen nämlich keine Chance.
Ich kaufe torffreie Anzuchterde fertig gemischt. Wenn du lieber selbst mischen willst, findest du auf der nächsten Seite ein DIY dafür. Mit nur drei Zutaten kannst du ganz einfach deine eigene torffreie Aussaaterde herstellen, zwei davon hast du wahrscheinlich schon in deinem Garten.

SAATGUT-KEIMTEST

Wenn dein Saatgut schon etwas älter ist, mach vor der Aussaat lieber einen Keimtest. Dafür brauchst du eine kleine rechteckige Plastikdose mit Deckel und eine Papierserviette. Serviette in die Dose legen, anfeuchten, zehn Körnchen von deinem Saatgut darauflegen, verschließen und je nach Saatgut an einen warmen oder etwas kühleren Ort stellen. Einmal täglich öffnen, nach der auf der Tüte angegebenen Keimdauer sollten mindestens sechs bis sieben Samen gekeimt sein. Wenn es weniger sind, musst du entweder sehr dicht säen oder das Saatgut an die Vögel verfüttern und neues kaufen. Du ärgerst dich sonst nur, wenn nichts wächst und die richtige Zeit zur Aussaat vorbei ist.

SO LANGE IST SAATGUT BEI OPTIMALEN LAGERBEDINGUNGEN HALTBAR

1 bis 2 Jahre
- Dill
- Fenchel
- Möhren
- Schnittlauch

2 bis 4 Jahre
- Aubergine
- Bohnen
- Chili
- Erbsen
- Paprika
- Radieschen
- Rettich
- Sellerie

4 bis 6 Jahre
- Kohlarten
- Kürbis
- Mangold
- Paprika
- Rüben
- Salat
- Spinat
- Zucchini

6 bis 10 Jahre
- Gurken
- Tomaten

TORFFREIE AUSSAATERDE SELBST MACHEN

Aller guten Dinge sind drei

1. Das brauchst du:

- 1/3 Sand (gibt es im Baumarkt als Spielsand)
- 1/3 Gartenerde (ich nehme Erde von Maulwurfs- oder Wühlmaushügeln)
- 1/3 gut ausgereifter Kompost

2. Siebe alle Zutaten – Keimlinge ziehen ein möglichst feinkörniges Saat-Bett vor – und vermische sie gut miteinander.

3. Die in der Gartenerde und im Kompost vorhandenen Unkrautsamen neutralisierst du, indem du die Mischung sterilisierst. Dabei verabschieden sich dann auch gleich Pilze und Schimmelsporen und deine Anzuchterde wird keimfrei. Dazu schiebst du das Gemisch in einem alten Bräter für 45 Minuten bei 120 °C in den Backofen.

4. Sobald die Anzuchterde abgekühlt ist, kannst du sie zur Aussaat verwenden. Zusätzlicher Dünger ist nicht notwendig. In der Gartenerde und im Kompost sind genügend Nährstoffe vorhanden.

1

2

3

1. Schön übersichtlich: Reihensaat
2. Aussaat in Quadraten für mehr Vielfalt im Hochbeet
3. Aussaat in Horsten, perfekt für Bohnen

DIREKT INS HOCHBEET SÄEN

Viele Gemüsearten kannst du im Erstfrühling direkt in dein Hochbeet säen. Lockere dafür die Beetoberfläche zunächst mit dem Gartenmesser auf und schaffe mit dem Grubber ein feinkrümeliges ebenes Saat-Bett. Für die Aussaat selbst gibt es verschiedene Möglichkeiten. Du kannst in Reihen, Horsten, Quadraten, mithilfe von Saatbändern oder in einer Regenrinne (!) aussäen.

Reihensaat

Für viele Gemüse geeignet, ziehe mit dem Gartenmesser eine gerade Furche, Samen laut Packungsanweisung einstreuen, verschließen, andrücken, angießen, fertig.

Aussaat in Horsten

Beste Methode für Bohnen, dafür legst du im Abstand von ca. 20 cm jeweils eine Handvoll Bohnenkerne in die Erde, bei Stangenbohnen rund um die Stange, mit Erde bedecken, angießen, fertig.

Aussaat in Quadraten

Hat den Vorteil, dass du viele verschiedene Gemüsesorten in einem Beet unterkriegst und nie zu viel von einer Sorte erntest. Dafür mit der Hand oder mit dem praktischen Dibbelbrett (siehe S. 124) Löcher machen – Anzahl je nach Gemüse unterschiedlich, siehe Angaben bei den Musterbeeten –, Saatgut reinlegen, verschließen, angießen, fertig.

Saatbänder

Vorteil, du säst nie zu dicht. Einfach aufs Beet legen, Erde drüber und angießen, gibt es fertig zu kaufen, auf Seite 87 findest du auch ein DIY zum Selbstmachen.

DER TRICK MIT DER REGENRINNE

Gemüse wie Möhren, Rote Bete und Radieschen lassen sich schlecht vorziehen und umpflanzen, die Wurzeln nehmen das übel. Es gibt aber einen coolen Trick. Wenn du sie in einer Regenrinne vorziehst, kannst du sie als Jungpflanze einfach ins Beet gleiten lassen, ohne die Wurzeln zu stören.

1. Das brauchst du:

- Regenrinne in Beetbreite
- Akkubohrer
- 2 Endstücke zum Verschließen
- Aussaaterde
- Saatgut

2. Mit dem Akkubohrer alle 10 cm ein Loch in die Regenrinne bohren.

3. Enden mit den Endstücken verschließen, Regenrinne mit Aussaaterde füllen.

4. Rille ziehen, Samen im richtigen Abstand einsäen, die Erde gut andrücken und gründlich angießen.

5. Regenrinne an einen sonnigen Platz stellen und feucht halten. Die Erde darf bis zur Keimung auf keinen Fall austrocknen.

6. Sobald das Gemüse gekeimt ist und du einen Platz im Beet frei hast, lässt du die Pflanzen samt Erde einfach ins Hochbeet gleiten.

Jungpflanzen-Check

Wenn du keinen Platz hast oder nur wenige Pflanzen einer Sorte benötigst, findest du im Handel vorgezogene Jungpflanzen, die du direkt ins Hochbeet pflanzen kannst – die Variante mit der größten Gelinggarantie. Ehrlich gesagt kaufe auch ich einige Sorten lieber vorgezogen, vor allem am Saisonbeginn.

GUTE QUALITÄT

Achte beim Kauf darauf, dass die Pflanze frisch und gesund aussieht und schöne helle Wurzeln hat. Pflanze die Jungpflanzen nach dem Kauf zügig ins Beet ein. Wenn sie zu lange in den kleinen Behältern stehen, kommt es wegen Nährstoffmangel zu einem Wachstumsstopp, von dem sich die Pflanzen nicht mehr so richtig erholen. Das gilt übrigens auch für selbst vorgezogene Pflanzen. Sobald sie die ersten richtigen Blätter haben, sollten sie ins Beet umziehen. Wenn das nicht geht, musst du sie mit niedrig dosiertem Bio-Flüssigdünger (1/4 der empfohlenen Menge, einmal pro Woche) bei Laune halten oder in größere Töpfe mit torffreier Blumenerde umtopfen.

PFLANZABSTAND UND PFLANZTIEFE

Beachte unbedingt den angegebenen Pflanzabstand. Er steht auf der Saatguttüte oder bei gekauften Jungpflanzen auf den Etiketten. Ich weiß, es ist nicht einfach, wenn die Pflanzen noch so winzig sind, kann man sich kaum vorstellen, dass sie tatsächlich mal riesig werden. Werden sie aber! Also gib ihnen den Platz, den sie für eine gesunde Entwicklung brauchen.

Die meisten Arten pflanzt du am besten so tief, wie sie vorher standen. Mit zwei Ausnahmen: Salat muss im Wind wehen, damit der Wurzelhals nicht fault – pflanze ihn eher etwas zu hoch als zu tief. Tomaten dagegen bilden an ihrem Haupttrieb weitere Wurzeln, die die Pflanze später mit zusätzlichen Nährstoffen versorgen – deshalb darf er bis zum zweiten Blattpaar in der Erde verschwinden.

BABY-STATION FÜR DEN PFLANZENNACHWUCHS

Richte dir auf einem Tisch eine Baby-Station für den Pflanzennachwuchs ein. Hier kannst du regelmäßig für Nachschub sorgen und Lücken im Beet schnell füllen. Wenn ich Aussaaterde, Aussaattöpfe, Pflanzensticker, einen Bleistift und Abdeckhauben an einem Ort bereitliegen habe, fällt es mir leichter, regelmäßig kleine Mengen an Gemüse auszusäen.

BEETPLANUNG, FRUCHTFOLGE, MISCHKULTUR

Wenn du dich für eines der Musterbeete entscheidest, musst du dir um die Beetplanung erst einmal keine Gedanken machen. Wir haben die Beete

1

1. Jungpflanzen vom Bio-Bauern, ganz ohne Plastik im gepressten Erdtopf

2. Meine Baby-Station für den Beet-Nachwuchs

3. Salat lieber etwas höher einpflanzen, als er vorher stand, er will im Wind wehen.

2

3

zwei Jahre lang geprüft und für gut befunden. Du bekommst in diesem Buch aber auch ein paar nützliche Helfer für deine eigene Planung an die Hand. Die Fruchtfolge spielt nach meiner Erfahrung im Hochbeet nur innerhalb einer Saison eine Rolle. Da Hochbeete jedes Jahr mit einer Schicht neuer Erde aufgefüllt werden, verbreiten sich Bodenkrankheiten und Schädlinge nicht so stark wie in bodengebundenen Beeten. Durch die neue Erde kommen auch jedes Jahr neue Nährstoffe ins Beet, sodass du nicht darauf achten musst, Stark-, Mittel- und Schwachzehrer in Jahresfolge zu pflanzen.

Auch Mischkultur spielt für mich im Hochbeet nur bedingt eine Rolle. Manche Arten sind nur deshalb schlechte Partner, weil sie die gleichen Schädlinge oder Krankheiten anziehen. Wenn du große Beetflächen bepflanzt, kannst du mit einer gut geplanten Mischkultur einen hohen Schädlings- und Krankheitsdruck vermeiden. Aber ob du im Hochbeet zwei Tomaten oder eine Tomate und eine Aubergine nebeneinandersetzt, wird keine merklichen Auswirkungen auf die Pflanzengesundheit haben. Lass dich von den Regeln nicht stressen und schau, was bei dir funktioniert. Viel wichtiger für die Beetplanung ist für mich das Wissen um Pflanzzeit, Pflanzabstand und Kulturdauer der verschiedenen Gemüse. Auch hier helfen dir die Angaben auf den Saatgutpackungen und den Pflanzschildern zuverlässig weiter.

WAS STEHT AN IM
VOLLFRÜHLING?

→ Frostempfindliche Pflanzen dürfen ins Beet
→ Vorgezogene Gemüse auspflanzen
→ Für genügend Nährstoffe sorgen
→ Sanfte Dünger selbst herstellen
→ Wurmfarm bauen
→ Mulch ausbringen
→ Unkraut jäten
→ Erste Ernten einfahren

Düngen im Hochbeet

Die Apfelbäume blühen, die Honigbienen sind trunken vor Glück und ich bin es auch – der Vollfrühling ist da. Nach den Eisheiligen dürfen auch frostempfindliche Gemüse wie Tomaten, Gurken und Zucchini ins Hochbeet umziehen, und da stellt sich die Frage, brauchen die eigentlich Dünger?

Extraportion für Starkzehrer

Organischer Bio-Dünger versorgt deine Pflanzen mit allen wichtigen Nährstoffen.

GRUNDVERSORGUNG

Dein Hochbeet ist durch seinen Aufbau und die dicke Kompostschicht im ersten Jahr gut mit Nährstoffen versorgt. Allerdings sind nicht alle im Kompost enthaltenen Nährstoffe sofort in ausreichender Menge für die Pflanzen verfügbar. Ein Teil des Stickstoffs ist zum Beispiel fest an die organischen Bestandteile gebunden. Gut für den Bodenaufbau, aber schlecht für den kleinen Hunger zwischendurch. Deshalb gebe ich bei Starkzehrern wie Tomaten und Kohl eine Portion Hornmehl für die Stickstoffversorgung mit ins Pflanzloch. Später bekommen die Tomaten von mir eine Extra-Portion Kalium, für eine gute Fruchtreife und aromatische Früchte. Ab dem zweiten Jahr arbeite ich im Frühjahr etwas organischen Bio-Langzeitdünger ein. Damit macht man, solange man sich an die Dosierungsanleitung hält, nichts falsch.

TIERISCH ODER VEGETARISCH?

Prinzipiell hast du die Wahl zwischen tierischen und vegetarischen Düngern. In vielen organischen Bio-Volldüngern sind tierische Bestandteile enthalten, es gibt aber auch vegetarische Bio-Volldünger. Mir ist vor allem der Zusatz „Bio" wichtig. Schließlich will ich mein Gemüse ohne Bedenken essen, am liebsten auch mal direkt vom Beet in den Mund.

Pferdeäpfel

Verwenden wir gerne beim Aufsetzen von neuen Hochbeeten als Füllmaterial, wenn wir nicht genügend eigenen Kompost haben. Wichtig: immer mit einer Schicht Erde bedecken. Pferdemist enthält viele Samen, die keimen, wenn sie Licht bekommen. Außerdem nur Pferdeäpfel von Pferdebesitzern verwenden, die keine Antibiotika einsetzen. Angebote findest du zum Beispiel bei Ebay-Kleinanzeigen.

1

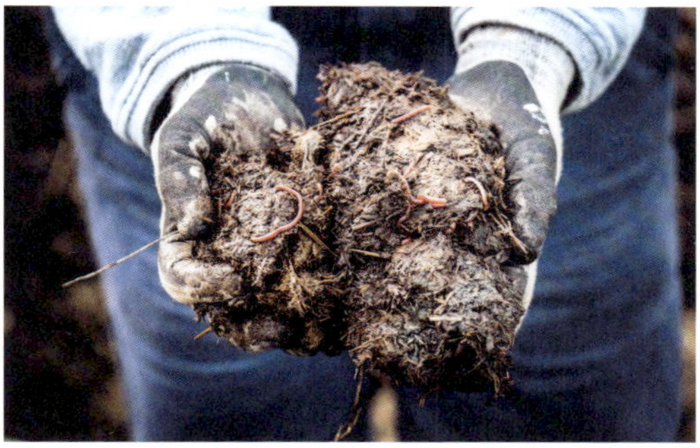

2

3

Alpaka-Kacka

Bei uns in der Nähe gibt es eine kleine Alpaka-Herde. Die Besitzer schenken uns den Mist der Tiere. Die olivengroßen schwarzen Köttel haben eine super Düngewirkung. Hasen- oder Ziegenköttel wirken ähnlich. Auf die Erde streuen und leicht einarbeiten.

Rinderdung-Pellets

Ich bin immer, wenn ich an einem Kuhfladen vorbeikomme, versucht ihn einzusammeln, werde aber von Andreas davon abgehalten. Gegen Pellets aus Kuhfladen hat er nichts.

Brennnesseln

Ein großartiges Gewächs! Wenn du kannst, überlasse ihm eine Gartenecke. Brennnesseln versorgen deine Pflanzen auf natürliche Weise mit Stickstoff. Dafür einfach die Blätter zerkleinern und leicht in die Erde einarbeiten. Wenn der Dünger schnell verfügbar sein soll, Brennnesseljauche ansetzen (Rezept siehe S. 57) und Pflanzen damit gießen.

Beinwell

Natürlicher Kalium-Dünger – die Blüten ziehen Insekten magisch an. Beinwell sollte wirklich in keinem Garten fehlen. Die Blätter enthalten viel Kalium und sorgen zerkleinert als Mulch bei meinen Tomaten für eine gute Fruchtreife. Schneller verfügbar sind die Inhaltstoffe, wenn du eine Jauche ansetzt (Rezept siehe S. 57).

1. Gut abgelagerter Pferdemist kommt meist inklusive jeder Menge fleißiger Gartenhelfer.

2. Rinderdung in Pelletform sorgt für gesundes, aromatisches Gemüse.

3. Beinwellblätter enthalten viel Kalium – gut für Fruchtgemüse

WURMFARM BAUEN

Du hast nicht genug Platz für eine große Kompostmiete? In einer Wurmfarm kannst du auf kleinem Raum deine organischen Küchenabfälle in wertvollen Wurmkompost und Wurmtee verwandeln.

1. Das brauchst du:

- 2 Plastikboxen mit Deckel
- Akkuschrauber
- 1 Paket Kokoserde
- 1 Sack Anzuchterde oder feinen Kompost
- 500 Kompostwürmer

2. In eine der beiden Plastikboxen auf der Unterseite Löcher mit einem Durchmesser von 8 mm bohren.

3. Die gelochte Box wird jetzt einfach in die Box ohne Löcher gestellt.

4. Kokoserde und Anzuchterde oder Kompost einfüllen.

5. Würmer zugeben und mit einer ca. 5 cm dicken Schicht organischen Küchenabfällen anfüttern. Box mit Deckel verschließen.

Futter gut verteilen

Ich füttere die Würmer mit allen organischen Abfällen, die beim Kochen übrig bleiben. Auch Essensreste in kleinen Mengen landen im Wurmcafé.

DAS MÖGEN WÜRMER

- Sämtliche anfallenden Gemüse- und Obstabfälle
- Altes Brot, gekochte Nudeln und Reis
- Teebeutel, Zellstoff, Kaffeereste, Filtertüten
- Baumwolle, Wolle, Tier- und Menschenhaare
- Zerkleinerte Zeitungen oder Pappe
- Zerkleinerte Eierschalen
- Geringe Mengen Sägemehl oder Holzasche
- Kot von Nagetieren und Vögeln
- Wildkräuter

DAS GEHÖRT NICHT IN DIE WURMFARM

- Fleischabfälle in größeren Mengen
- Essensreste mit hohem Salzgehalt
- Größere Mengen an Schalen von Zitrusfrüchten
- Blätter von Eiche, Buche, Nuss- oder Nadelbäumen
- Milchprodukte, Fette, Knochen
- Katzen- oder Hundekot
- Bunt bedrucktes Papier, Hochglanzpapier
- Plastik, Glas, Metall
- Rasenschnitt

SO GEHT ES WEITER MIT DEINER WURMFARM

Es dauert ein paar Tage, bis sich die Würmer in deiner Wurmfarm eingelebt haben. Füttere sie regelmäßig. Der erste Wurmtee sammelt sich nach ein, zwei Wochen in der unteren Box. Gieße damit 1:10 verdünnt dein Hochbeet. Nach etwa einem halben Jahr kannst du den ersten Wurmkompost entnehmen. Dafür eine Weile nur in eine Hälfte der Box neues Material geben. Die Würmer verziehen sich dann in diese Hälfte, du kannst den Wurmkompost entnehmen und in deinem Hochbeet verteilen.

Mulchen im Hochbeet

Das Bedecken der Erdoberfläche mit organischem Material hat einige Vorteile. Du musst weniger gießen, Unkraut wird unterdrückt, Regen platscht nicht direkt auf die Erde und verdichtet sie, und je nachdem welches Material du verwendest, wird das Bodenleben angeregt und dein Gemüse sanft gedüngt. Nur frische Aussaaten müssen frei bleiben, damit die kleinen Keimlinge ungestört wachsen können.

Rasenschnitt

Das Nummer-eins-Mulchmaterial, regelmäßig verfügbar. Regenwürmer lieben frischen Rasenschnitt und dein Gemüse freut sich über den Stickstoff-Shot, wenn er sich zersetzt. Für alle Kulturen geeignet. Schichtdicke: 3 bis 5 cm

Mulchen spart Wasser

Brennnesseln und Beinwell

Eine Mulchschicht aus Brennnesseln versorgt deine Pflanzen zusätzlich mit Stickstoff. Beinwell ist ein guter Kalium-Lieferant. Für alle Kulturen geeignet. Schichtdicke: 3 bis 5 cm.

Laub

Nur im Herbst verfügbar, dann aber ein guter Winterschutz für leere Beete, und auch die Wintergemüse freuen sich über eine schützende Laubdecke. Bis zum Frühling haben Regenwürmer und Witterung einen Großteil des Laubs zersetzt und die Erde in deinem Hochbeet ist wunderbar locker. Für leere Beete und Wintergemüse. Schichtdicke: 10 bis 20 cm.

Schafwolle

Wir bekommen von einem befreundeten Bio-Bauern den Teil seiner Schafwolle, die sich nicht zum Spinnen eignet. Eine Mulchschicht aus Schafwolle sieht schräg aus – was macht das Tier da im Beet? – aber wir haben gute Erfahrungen damit gemacht. Schafwolle kann unglaublich viel Wasser speichern und gibt sie langsam an den Boden ab. Schnecken mögen die Wolle nicht besonders und bleiben fern. Eine leicht düngende Wirkung hat die Wolle auch, aber sie zersetzt sich nur ganz langsam. Für durstige Kulturen. Schichtdicke: ca. 5 cm.

Einfach liegen lassen

Unkraut wird im Hochbeet selten zum Problem. Wenn du es frisch aufsetzt, besteht die oberste Schicht aus torffreier Blumenerde ohne Unkrautsamen. Mit der Zeit kommen die zwar durch die Luft angeflogen, lassen sich aber leicht jäten. Im Vollfrühling ist es wichtig, dass deine Gemüsepflanzen nicht mit anderen Pflanzen konkurrieren müssen. Sie sind in der Wachstumsphase und brauchen Licht und Nährstoffe für sich allein. Je früher du unerwünschte Unkräuter auszupfst, desto besser für dein Gemüse und desto einfacher für dich. An sonnigen Tagen kannst du sie einfach auf dem Beet liegen lassen. Dort vertrocknen sie schnell und dienen als Futter für die nützlichen Bodenlebewesen.

Stroh

Erdbeeren profitieren sehr von einer Mulchschicht aus Stroh. Die Früchte liegen nicht auf der Erde, sie bleiben sauber, trocken und faulen nicht so schnell. Streu ein bisschen organischen Bio-Dünger auf die Erde, bevor du mit Stroh mulchst. Stroh entzieht dem Boden beim Zersetzen Stickstoff und so kannst du das ausgleichen. Für Erdbeeren. Schichtdicke: 5 bis 10 cm.

WAS STEHT AN IM FRÜHSOMMER?

→ Ernten
→ Schädlinge im Blick behalten
→ Gießen nicht vergessen
→ Jauchen, Brühen und Tees ansetzen
→ Nützlinge fördern
→ Wintergemüse und Folgesaaten aussäen

Kleines Ernte-ABC

Mit der Holunderblüte beginnt der Frühsommer. Viele Gemüse, Salate und Kräuter, die du im Vor- und Erstfrühling gesät oder gepflanzt hast, kannst du jetzt ernten. Nicht immer wird die ganze Pflanze geerntet.

Bohnen öfter durchpflücken

SALAT

Kopfsalate schneidest du mit deiner Erntehippe direkt über dem Wurzelballen ab. Lass die Wurzeln in der Erde, bis du die ganze Reihe geerntet hast, dann störst du beim Rausreißen nicht die Wurzeln der Nachbarpflanzen. Ernte zunächst jeden zweiten Kopf, dann haben die restlichen Salate Platz, sich auszubreiten. Bei Pflücksalat erntest du immer die äußeren Blätter und lässt das Herz stehen. Schnittsalat schneidest du ca. 10 cm über dem Boden ab, er treibt bis zu dreimal wieder aus.

BLATTGEMÜSE

Ernte bei Mangold einzelne Blätter. Wenn du sie etwas hin- und her bewegst, lassen sie sich leicht ablösen. Bei Pak Choi und Tatsoi kannst du einzelne Blätter oder die ganze Pflanze ernten. Palmkohl und Grünkohl sind für mich die praktischsten Kohlarten, weil ich davon einzelne Blätter ernten kann. Wenn du willst, dass der Kohl weiterwächst, von unten nach oben ernten, ein Drittel der Blätter stehen lassen.

KOHLRABI, RADIESCHEN, ROTE BETE

Knollen schmecken jung geerntet am besten. Vorsichtig mit der Wurzel rausziehen. Zuerst jede zweite Pflanze, dann haben die anderen mehr Platz. Ich ernte die ersten Radieschen, wenn sie murmelgroß sind, Kohlrabi faustgroß und Rote Bete in Tennisballgröße.

FENCHEL

Wenn du Fenchel direkt unter dem Knollenansatz mit der Erntehippe abschneidest, bildet sich noch einmal eine neue Knolle. Sie bleibt etwas kleiner als die erste, schmeckt aber genauso lecker.

KARTOFFELN

Bei Kartoffeln kannst du entweder Tage zählen – frühe Sorten brauchen 90, späte 120 Tage bis zur Ernte –, oder du wartest, bis das Laub braun wird.

ERBSEN UND BOHNEN

Je öfter du erntest, desto mehr Hülsen kommen nach. Sobald du sie ausreifen lässt, hört die Pflanze

1

2

3

1. Bohnen am besten mit zwei Händen pflücken um die Ranken nicht zu beschädigen

2. Je mehr Zucchini du erntest, desto mehr junge Früchte kommen nach.

3. Tomaten haben eine Sollbruchstelle, an der sie sich ganz leicht ablösen lassen.

auf, neue zu bilden. Die Wurzeln sammeln über Knöllchenbakterien Stickstoff. Lass sie, wenn die Pflanze abgeerntet ist, in der Erde.

TOMATEN

Tomaten haben eine Sollbruchstelle. Wenn sie reif sind, lassen sie sich leicht durch Kippen ablösen.

AUBERGINEN

Reife Auberginen erkennst du an ihrem Glanz. Vorher und nachher ist sie matt.

KÜRBIS UND ZUCCHINI

Kürbis erntest du am besten erst, wenn der Stielansatz braun wird. Dann lässt er sich am längsten lagern. Wenn du ihn direkt essen willst, kannst du ihn auch vorher ernten. Zucchini am besten jung ernten, 15 bis 20 cm ist eine gute Länge.

KRÄUTER

Bei den meisten Kräutern erntest du einfach die Triebspitzen. Du kannst das mit einem Rückschnitt verbinden, so behalten deine Kräuter eine kompakte kugelige Form. Bei Basilikum zwickst du die Triebe einzeln über einem Blattpaar ab. Dann verzweigt es sich gut und du hast lange Freude daran. Lass es nicht blühen, denn dann produziert es keine Blätter mehr. Eine Ausnahme ist das Strauch-Basilikum, es produziert auch nach der Blüte noch Blätter. Bei Schnittlauch und Petersilie schneidest du die Menge, die du brauchst, direkt über dem Boden ab. Ernte vom Schnittlauch ruhig auch die Blüten für deinen Salat.

Gesunde Pflanzen

Das Klima im Frühsommer finden nicht nur deine Pflanzen super. Auch Schädlinge vermehren sich jetzt schneller, als du Blattlaus sagen kannst. Die gute Nachricht: Gegen fast jeden Schädling taucht auch bald ein Nützling auf der Gartenbühne auf.

1

Läusefans

Zuerst kommen die Läuse, dann die Marienkäfer und die räumen im Nullkommanichts auf. Du brauchst nur ein wenig Geduld.

SCHÄDLINGSBEFALL FRÜH ERKENNEN

Eine gute Nachricht: Kräftige Pflanzen sind für Schädlinge nicht so attraktiv. Im Hochbeet wirst du trotzdem eventuell Bekanntschaft mit Blattläusen, Weißen Fliegen, Schnecken und Ameisen machen. Wühlmäuse sollten dagegen kein Problem sein, sofern du das Wühlmausgitter anständig angebracht hast.

Blattläuse

Mit leichter Verzögerung tauchen Marienkäfer auf und beseitigen die Läuse für dich. Bei starkem Befall kannst du die Läuse mit der Hand abstreifen oder die Pflanzen mit Tee oder Jauche besprühen (siehe S. 57). Nach meiner Erfahrung verschwinden Blattläuse meistens von selbst.

Weiße Fliegen

Ein lästiger Kohlschädling, gegen den nur ein Schädlingsschutznetz hilft. Wenn du dein Beet nicht dauerhaft verhüllen willst, probiere es mal mit roten Kohlsorten. Ich habe die Erfahrung gemacht, dass die Fliegen sie links liegen lassen.

Schnecken

Sie kommen über Schneckeneier im Kompost, über die Beetfüllung oder auch einfach von außen ins Beet. Schnecken sind erstaunlich gute Kletterer. Lege ein Brett oder ein großes Blatt (z. B. vom Rhabarber) im Beet aus. Die Schnecken verkriechen sich gerne darunter und du kannst sie absammeln. Wenn sie das Spiel nicht mitspielen, sind ein paar Körnchen biologisches Schneckenkorn (mit

Eisen-III-Phosphat) eine wirkungsvolle und ökologisch vertretbare Alternative.

Ameisen

Die fühlen sich im warmen Hochbeet sehr wohl. Kaputt machen sie eher nichts, aber sie sind lästig. Bewege sie zum Umzug, indem du einen mit Stroh gefüllten Blumentopf über das Nest stülpst. Nach einem Tag sind sie dort samt ihrem Nachwuchs hineingezogen. Du kannst den Topf mit einer Schaufel anheben und die Ameisen umsiedeln.

KRANKHEITEN VORBEUGEN UND BEKÄMPFEN

Das Wichtigste am Anfang: Pflanzen, die gut mit Nährstoffen und Wasser versorgt sind, genügend Sonne bekommen und ausreichend Platz zum Wachsen haben, werden seltener krank. Das beste Mittel, um Krankheiten vorzubeugen ist es also, wenn du die Bedürfnisse deiner Pflanzen gut kennst und erfüllst.
Darüber hinaus kannst du mit natürlichen Pflanzenschutzmitteln deine Pflanzen vorbeugend kräftigen, und wenn es sie doch erwischt, auch heilen. Wir setzen dafür in unserem Garten auf Jauchen, Brühen und Tees aus Pflanzen und Kräutern. Meistens gelingt es uns damit, ohne den Einsatz von Chemie, reichlich gesundes Obst und Gemüse zu ernten.

Wie wirken Jauchen, Brühen und Tees?

Im Gegensatz zu chemischen Mitteln gibt es bei Jauchen, Brühen und Tees

2

1. Gegen Kohlschädlinge hilft am besten konsequentes Einwickeln.

2. Ameisen im Hochbeet sind lästig. Du kannst sie mit einem Tontopf leicht zum Umzug bewegen.

PFLANZEN HELFEN PFLANZEN

Anwendung	Jauche	Brühe	Tee
Blattläuse	Farnkraut, Wermut	Farnkraut	Wermut
Blutläuse			Kapuzinerkresse
Erdflöhe	Kohl		
Kohlweißling	Tomate, Wermut		Tomate, Wermut
Lauchmotte	Rhabarber	Rhabarber	Rhabarber
Pilze	Knoblauch, Zwiebel		Knoblauch, Zwiebel
Säulenrost (Pilz)	Wermut		Wermut
Schildläuse			Oregano
Schnecken	Farnkraut	Farnkraut	

Zum **Düngen** verwende ich gern Beinwell- oder Brennnesseljauche. Eine unverdünnte Jauche oder ein Tee aus Löwenzahn (ganze Pflanze) verbessert, im Frühjahr ausgebracht, die Fruchtqualität von Tomaten.

keine hundertprozentige Wirkungsgarantie. Im Bio-Garten (und auch im echten Leben) hängt vieles von einem ausgewogenen Gleichgewicht zwischen Gut und Böse ab. Mit selbst hergestellten Pflanzenschutzmitteln kann das aus unserer Sicht Böse ganz gut in Schach gehalten werden. Ganz los wird man es damit nicht, aber das ist auch nicht unbedingt nötig.
Natürliche Pflanzenschutzmittel wirken stärkend auf die Pflanzen. Sie sind eine Form der Hilfe zur Selbsthilfe. Ackerschachtelhalm enthält zum Beispiel viel Kieselsäure. Die festigt und härtet das Zellgewebe von Pflanzen – kennt man ja aus der Kosmetikindustrie, da wird sie gerne für feste Nägel und glänzendes Haar eingesetzt. Pilzsporen können nicht so leicht in gesunde feste Blätter eindringen. Blattläuse beißen sich an den festen Blättern die Zähne aus. Ähnlich wirkt auch Beinwell. Sein hoher Kaliumgehalt kräftigt die Pflanzen. Sie bilden starke Triebe und Früchte mit dicker Schale. Schlechte Chancen für fiese Pilze und hungrige Läuse.
Andere Jauchen oder Brühen, wie scharfe Brennnesseljauche und Rhabarberblättertee, wirken weniger sanft. Nach einer kräftigen Dusche ist es aus mit der Laus. Ich gebe zu, meine Liebe zu Blattläusen ist begrenzt. Dennoch wende ich diese Mittel höchst selten an. Meist leisten Marienkäfer oder Florfliegen weitaus bessere Dienste und ich kann meine Hände in Unschuld waschen.
Zwiebeln, Knoblauch und Kapuzinerkresse enthalten krankheitshemmende oder abtötende Wirkstoffe. Mit stark riechenden Jauchen aus Holunderblättern oder Tomatentrieben lassen sich einige Schädlinge an der Nase herum- und am Objekt ihrer Begierde vorbeiführen.

JAUCHEN, BRÜHEN UND TEES SELBST HERSTELLEN

REZEPT FÜR …

Jauche Fülle eine alte Regentonne (oder auch nur einen alten Eimer) zur Hälfte mit grob zerkleinerten Blättern, Wasser zugeben, einmal am Tag mit einem langen Stock umrühren und wenn es zu stark riecht, mit Urgesteinsmehl bestäuben. Nach rund zwei Wochen, wenn es aufhört zu schäumen, ist die Jauche fertig. Mir reicht ein Fass für den ganzen Sommer. Meist mische ich Brennnessel- und Beinwellblätter und verwende die Jauche 1:10 verdünnt alle sieben Tage zum Gießen. Du kannst sie auch als Blattdünger verwenden, dann wird sie 1:50 verdünnt. Der Geruch während der Gärzeit ist allerdings wirklich unangenehm. Also lieber nicht zu nah zum Nachbarn hin aufstellen und für die eigene Nase besser einen Deckel (lose) auflegen. Dann fallen auch keine Mäuse rein, die den Gestank nochmal erhöhen (alles schon passiert). Vergorene Jauche wird als natürlicher Dünger eingesetzt. Zur Schädlingsabwehr verwendet man ätzende Jauche aus Brennnesselblättern. Der Ansatz erfolgt wie bei der vergorenen Jauche, sie wird aber bereits nach drei Tagen stark verdünnt (1:50) zum Spritzen verwendet.

Brühe Brühen werden zur Stärkung und Kräftigung von Gemüsepflanzen eingesetzt. Sie wirken vorbeugend gegen Krankheiten und Schädlinge. Brühe ist nur begrenzt haltbar und wird daher in kleineren Mengen angesetzt. Für die Herstellung getrocknete oder frische Blätter 24 Stunden in Regenwasser einweichen und dann 15 bis 30 Minuten kochen. Nach dem Abkühlen Blätter absieben. Du kannst sie als Mulchmaterial verwenden. Brühe 1:10 bis 1:20 mit Wasser verdünnt anwenden. Wenn einmal Brühe übrig bleibt und gärt, kann sie wie Jauche verwendet werden.

Tee Tee wird meistens zur Schädlingsabwehr verwendet. Er wird wie Brühe aus zerkleinerten frischen oder getrockneten Kräutern hergestellt. Die Blätter mit kochendem Wasser übergießen und abgedeckt 15 bis 20 Minuten ziehen lassen. Empfindliche Inhaltsstoffe bleiben bei dieser Zubereitungsart besser erhalten als bei Brühe. Wird unverdünnt angewendet.

Hast du eine Meise? Oder auch zwei? Dann freu dich, eine bessere Unterstützung für deinen Garten kann ich mir nicht vorstellen.

MIT NÜTZLINGEN GÄRTNERN

In einem gesunden Garten wimmelt es nur so von Nützlingen. Sie fliegen, summen und brummen durch die Luft, krabbeln auf der Erde und graben sich durch den Boden. Sie halten dir Schädlinge vom Leib, lockern die Erde, räumen Abfälle weg und sorgen auch noch für eine reiche Obst- und Gemüseernte.

Marienkäfer

Sie helfen dir dabei, Blatt- und Schildläuse loszuwerden. Bis zu 3.000 schafft eine einzige Marienkäfer-Larve, bevor sie sich verpuppt. Der 22-Punkt-Marienkäfer ist etwas aus der Art geschlagen: Er ernährt sich von Mehltau. Also Punkte zählen und an deine Gurken setzen, falls sie Mehltau haben.
Schaffe natürliche Rückzugsräume und Überwinterungsmöglichkeiten in Form von Laubhaufen. Du kannst auch Kiefernzapfen aufhängen, unter deren Schuppen können die winzigen Käfer trocken und geschützt übernachten. Wenn du dann noch ein paar Kräuter (z. B. Fenchel, Kümmel, Dill, Schnittlauch, Kamille) zur Blüte kommen lässt, steht einer erfolgreichen Zusammenarbeit nichts mehr im Weg.

Wildbienen

Sie erhalten die Vielfalt in deinem Garten und sorgen dafür, dass du ordentlich was ernten kannst. Vor allem Wildblumen und -kräuter sind auf die Bestäubung durch oft auf sie spezialisierte Wildbienen angewiesen. Und auch bei der Bestäubung von Obst- und Gemüsepflanzen leisten sie gute Dienste. Die unerschrockenen Hummeln fliegen zum Beispiel bei Temperaturen, bei denen die fröstelnden Honigbienen sich noch lange nicht aus ihrer Beute trauen.
Du kannst sie unterstützen, indem du eine große Vielfalt an Blumen und Kräutern pflanzt, nicht jedes Unkraut sofort rausreißt, kleine wilde Ecken mit blühendem Ehrenpreis, Löwenzahn und Taubnesseln zulässt. Für die Überwinterung sind einige Arten auf hohle Pflanzenstängel angewiesen, deshalb bitte Stauden erst im Frühjahr zurückschneiden.

Florfliegen

Ihre Larven helfen dir dabei, Blattläuse und Milben loszuwerden. Spitzname „Blattlauslöwe", muss ich mehr sagen? Bis zu 100 davon verspeist eine Florfliegenlarve jeden Tag. Die nicht gerade attraktive Larve läuft kopfschüttelnd durch die Gegend und sobald ihr Kiefer an eine Laus stößt, beißt sie zu und aus die Laus.
Biete den erwachsenen Tiere Rückzugsräume und Überwinterungsmöglichkeiten in Form von trockenen Holzspänen oder Kiefernzapfen an. Am besten füllst du sie in ein rotes Kästchen und hängst das unterm Dachvorsprung auf. Mit Katzenminze kannst du sie in deinen Garten locken, sie lieben den Geruch der Blätter.

Regenwürmer

Die regen Würmer durchlüften den Boden in deinen Beeten und produzieren dabei gleichzeitig allerbesten Dünger. Bis zu zehn Blätter zieht ein Wurm Nacht für Nacht unter die Erde. Dort zersetzen sie sich und erhöhen so oder als Wurmkacka den Humusgehalt.
Unterstütze sie, indem du alte Blätter und Pflanzenreste liegen lässt und ab und zu mit einer dünnen Mulchschicht aus Rasenschnitt für ein Festmahl sorgst.

Vögel

Raupen, Läuse, kleine Schnecken, Spinnen und Käfer stehen auf dem Speiseplan unserer Gartenvögel. Bis zu 100.000 Insekten verfüttern zum Beispiel Meisen an ihren Nachwuchs.
Sorge auch im Winter für ausreichend Futter. Das muss kein extra Vogelfutter sein. Es reicht, wenn du deinen Garten vielfältig mit Stauden, heimischen Sträuchern und Bäumen gestaltest und vertrocknete Samenstände bis zum Frühjahr stehen lässt. Die Samen von Sonnenblumen, Amaranth und Sonnenhut sind heiß begehrt.

Wildbienen übernehmen eine wichtige Rolle bei der Bestäubung von Gemüsepflanzen.

WAS STEHT AN IM
HOCHSOMMER?

→ Beete regelmäßig durchhacken
→ Gießen, gießen, gießen
→ Ernten
→ Wintergemüse vorziehen
→ Feste feiern
→ In der Hängematte liegen

Heiße Tage, durstige Pflanzen

Der Hochsommer beginnt mit dem betäubend süßen Duft der Sommer-Linde. Während bei dir der Schweiß fließt, lechzen deine Pflanzen im Hochbeet nach Wasser. Tomaten, Paprika, Auberginen und all die anderen Fruchtgemüse dürfen in der Fruchtbildungsphase nicht unter Wassermangel leiden, wenn du viele große, saftige Früchte ernten willst.

KOSTBARES GUT

Jede Gießkanne, die du jetzt schleppst, macht sich später im Erntekorb bemerkbar. Gleichzeitig ist Wasser eine wertvolle Ressource und es lohnt sich, Wasser aus natürlichen Quellen zu sammeln.

FÜNF TIPPS ZUM RICHTIGEN GIESSEN

1. Frisch ausgesät? Saat feucht halten! In extrem heißen Zeiten solltest du lieber nicht säen. Aber stell dir vor, die Saat ist seit zwei Tagen in der Erde und plötzlich kommt eine Hitzewelle, was dann? Decke die Saat mit Pappe, Zeitungspapier oder Jute ab, so bleibt sie länger feucht. Feuchte die Abdeckung an und lass sie liegen. Entferne das Papier oder den Stoff nach der Keimung wieder, damit die jungen Sämlinge sich optimal entwickeln können.

2. Mehr Feuchtigkeit für Gemüse und Kräuter. Forme die Erde um die Pflanzen herum zu einer Mulde, in der sich das Wasser sammeln kann und dadurch optimal aufgenommen wird.

3. 20 Liter pro Quadratmeter, sagt eine Faustregel, sollten es schon sein, damit die Feuchtigkeit 20 cm tief eindringen kann. Direkt an die Pflanze gegossen reichen (je nach Pflanzengröße) 2 bis 5 Liter aus.

4. Mulchen (siehe S. 48) ist nicht nur bei Trockenheit eine gute Idee. So bleibt die Erde länger feucht.

5. Düngen ist in extrem heißen Zeiten keine gute Idee. Dünger hat die Neigung, die Wasseraufnahme zu unterbinden. Also warte damit, bis die Temperaturen wieder fallen.

REGENWASSER SAMMELN

In unserem Garten stehen ein 1000-Liter-Tank und zwei 250-Liter-Fässer. Darin sammelt sich das Regenwasser von unserem Laubendach und auch vom Dach des Tomatenhauses. Bereits eine kleine Dachfläche reicht aus, um eine Menge Regenwasser zu sammeln. Denke bitte an eine Abdeckung, wenn du Fässer aufstellst. Mäuse und Eichhörn-

chen ertrinken leicht in ungeschützten Wasserfässern. Ein Deckel oder ein engmaschiges Gitter sorgen zusätzlich noch dafür, dass kein Laub in deine Regenwassertonne fällt.

AUTOMATISCHE BEWÄSSERUNG

Wenn du deine Hochbeete automatisch mit Tropfschläuchen bewässerst, sparst du dir das Gießkannenschleppen. Wir haben vor vier Jahren

2

1. Tontopf eingraben und direkt an die Wurzeln gießen, so geht kein wertvolles Wasser verloren.

2. Eine automatische Tropfbewässerung spart Zeit und Wasser.

1

1. Mit gezielter Tröpfchenbewässerung lässt sich jede Menge Wasser sparen.

2. Mit einer großen Olla kannst du etwa einen Quadratmeter Hochbeetfläche bewässern. Der obere Teil der Olla darf ein bisschen herausschauen. Gefüllt wird sie mit der Gießkanne oder mit dem Gartenschlauch.

2

Tropfschläuche in unseren Beeten verlegt. So verzeiht uns der Garten auch mal mehrere Tage Abwesenheit. Die Schläuche sind einfach zu verlegen, wassersparend, winterfest, allerdings nicht ganz günstig in der Anschaffung. Für uns hat sich das dennoch gelohnt. Unsere Erträge sind nach oben und der Wasserverbrauch nach unten gegangen. In der Vor- und Nachsaison gießen wir weiterhin mit Regenwasser und wenn Tank und Fässer leer sind, springt die automatische Bewässerung ein.

CLEVERE HELFER: OLLAS

Vor ein paar Jahren bin ich im Netz auf Ollas, durchlässige Gefäße aus Ton, zur Bewässerung von Hochbeeten gestoßen. Sie werden in der Erde vergraben und mit Wasser gefüllt. Das Wasser diffundiert langsam durch den Ton in die Erde und steht den Pflanzen genau dort zur Verfügung, wo sie es brauchen. Keine Verluste durch Verdunstung. Man spart jede Menge Wasser. Ollas kannst du fertig kaufen, aber auch einfach selbst bauen, siehe nächste Seite. Alle Zutaten bekommst du für ein paar Euro in einem Baumarkt. Einen Teil davon hast du vielleicht sogar schon zur Hand. Es dauert nur ein paar Minuten, bis die Ollas zusammengebaut sind. Nur zum Trocknen musst du ein bisschen Zeit einplanen. Eingegraben werden sie erst am nächsten Tag.

HOCHBEET-BEWÄSSERUNG AUS TONTÖPFEN

Über den Durchmesser der Töpfe kannst du bestimmen, wie viele Ollas pro Beet du brauchst. Bei mir reichen 6 bis 7 Liter, um einen Quadratmeter Hochbeet zu bewässern. Die Tontöpfe müssen dann ca. einmal pro Woche aufgefüllt werden. Zwei Tontöpfe mit einem Durchmesser von 15 cm fassen 4,5 Liter Wasser.

1. Das brauchst du:

- 2 unlasierte Tontöpfe, Durchmesser 15 bis 17 cm
- 1 Tube Silikon
- 1 Tonscherbe

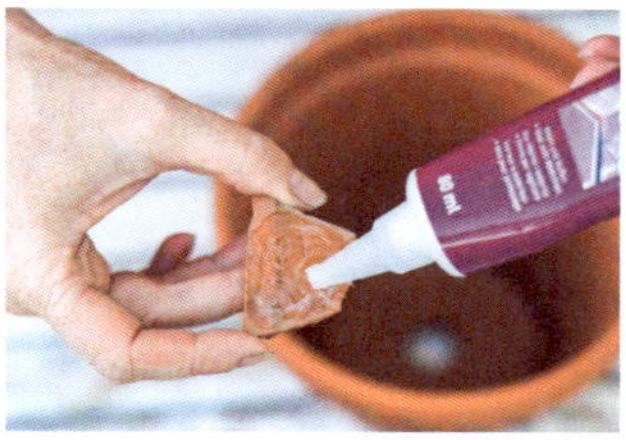

2. Bei einem Tontopf das Loch mit Silikon und einer Tonscherbe verschließen.

3. Den Rand des zweiten Tontopfes vorsichtig mit Silikon bestreichen.

4. Den anderen Tontopf daraufsetzen.

5. Überschüssiges Silikon mit den Fingern glattstreichen. Olla über Nacht trocknen lassen. Bevor du deine Ollas im Hochbeet vergräbst, teste bitte, ob sie dicht sind. Dafür Wasser einfüllen und prüfen, ob es unten oder aus der Naht austritt. Ist alles dicht, kannst du die Ollas im Hochbeet vergraben.

Ab ins Beet damit!

Nachschub fürs Beet

Mitten im Sommer an den Winter denken? Wer will das schon? Du, zumindest, wenn du Wintergemüse ernten willst, das muss nämlich jetzt gesät werden. Details zur Aussaat kannst du auf Seite 34 bis 39 nachlesen.

DAS WICHTIGSTE ZUERST

Achte bei der Aussaat von Wintergemüse besonders gut darauf, dass die kleinen Aussaatgefäße nicht austrocknen. Das ist bei den Temperaturen im Hochsommer schnell passiert. Ich verwende für die Winteraussaat am liebsten kleine Gewächshäuschen. Durch den Deckel bleibt die Feuchtigkeit lange erhalten. Einmal am Tag lüften reicht und sobald sich die Keimlinge zeigen, kommt der Deckel runter.

WAS KANNST DU JETZT SÄEN?

Mehr als du denkst wahrscheinlich. Ich säe jetzt wieder Salat: Feldsalat, Endivie, Winterkopfsalat und vor allem Radicchio. Ich liebe seinen bitteren Geschmack, am liebsten mag ich ihn in der Pfanne gebraten mit Knoblauch zu Pasta. Radicchio lässt sich nicht so gerne verpflanzen, deshalb säe ich ihn, sofern Platz ist, direkt ins Beet. Aber ich habe auch die Erfahrung gemacht, dass er einzeln in Aussaattöpfchen gesät und vorsichtig, ohne die Wurzeln zu stören, ins Beet gepflanzt gut weiterwächst. Auch Pflücksalat und Asia-Salat kannst du jetzt direkt ins Beet säen und noch vor dem Winter ernten.
Dann natürlich die ganzen Kohlsorten. Meine Favoriten sind Chinakohl, Palmkohl und Grünkohl. Chinakohl, weil er in der Küche so vielseitig verarbeitet werden kann, und Palm- und Grünkohl, weil man davon über einen langen Zeitraum immer wieder einzelne Blätter ernten kann. Außerdem Kohlrabi, die gehen eigentlich immer. Eine ganz große Empfehlung ist auch Sprossenbrokkoli. Er bildet anstelle von einem großen Hauptspross viele kleine Seitensprosse, die du über einen längeren Zeitraum ernten kannst. Die Sorte 'Sprouting' ist sogar mehrjährig. Im Winter braucht er eventuell etwas Schutz durch ein Vlies oder einen Frühbeetaufsatz. Für jede Menge Vitamine im Herbst und Winter sorgen Spinat und

Meine Winteraussaat steht in unserem Gewächshaus, aber ein Tisch irgendwo im Garten tut es auch.

Mangold. Beides kann sehr jung geerntet werden oder auch den Winter auf dem Beet verbringen. Mangold säe ich in Töpfe. Spinat lieber direkt ins Beet, sobald eine Fläche frei wird.

Für viele Wurzelgemüse ist jetzt ebenfalls ein guter Aussaatzeitpunkt. Ich säe Winterrettich und Mairübchen, Radieschen und Möhren. Achte bei den Möhren darauf, dass du eine Sorte mit kurzer Kulturdauer verwendest, Früh- und Treibmöhren sind schon nach 60 bis 90 Tagen erntereif, Sommer- und Lagermöhren brauchen bis zu 130 Tage.

Saatgut-Check für die Aussaat von Wintergemüse. Von einigen Gemüsearten gibt es extra für die Winteraussaat geeignete Sorten.

WAS STEHT AN IM SPÄTSOMMER?

- → Ernte verarbeiten und haltbar machen
- → Ernte lagern
- → Direktsaat von Wintergemüse
- → Gründüngung säen
- → Teekräuter trocknen für den Winter
- → Mit Blumensträußen den Sommer ins Haus holen
- → Vorgezogenes Wintergemüse ins Beet umpflanzen

Wohin mit der Ernte?

Die Beeren der Eberesche färben sich rot, der Klarapfel wird reif, der Spätsommer ist da. Je nachdem, wie viele Hochbeete du bepflanzt hast, erntest du jetzt mehr Gemüse, als du direkt verbrauchen kannst.

ÜBERSCHUSS VERSCHENKEN

Keine Arbeit für dich und du sammelst noch Karma-Punkte (zumindest, wenn der Zucchini-Anteil nicht zu groß ist). In unserer Kleingartenanlage ist es üblich, zu viel geerntetes Obst und Gemüse vors Törchen zu stellen. Es findet sich immer jemand, der sich darüber freut.

ERNTE HALTBAR MACHEN

Selbstverständlich kannst du deine überschüssige Ernte auch verarbeiten und haltbar machen. Ich verbringe in der Erntezeit viele Stunden in der Küche mit Abfüllen und Einkochen. Bei 27 Beeten kommt ganz schön was zusammen. Obst verarbeite ich zu Marmelade, Mus und Saft. Gemüse wie Tomaten, Zucchini und Paprika verarbeite ich zu einem Sugo und koche es ein. Im Winter bringt ein Glas Tomaten-Sugo zusammen mit Pasta sofort den Sommer auf die Zunge. Kräuter trockne ich für Teemischungen und als Gewürz. Wir frieren nur wenig ein, obwohl das die schnellste und einfachste Möglichkeit zum Haltbarmachen ist, die auch noch die wenigste Arbeit macht. Das liegt einfach daran, dass wir nur ein winziges Gefrierfach haben und es in unserer Wohnung keinen Platz für eine Gefriertruhe gibt.

DEINE ERNTE RICHTIG LAGERN

Viele Obst- und Gemüsearten lassen sich monatelang lagern. Unter den richtigen Bedingungen bleiben Vitamine und Inhaltsstoffe weitgehend erhalten. Du musst nur wissen, welche Lagermethode für welches Gemüse optimal ist. Die meisten Gemüsesorten lagern gerne kühl, bei hoher Luftfeuchtigkeit und dunkel. Es gibt aber ein paar Ausnahmen. Fangen wir mal mit den wenigen Sorten an, die sich im warmen Zimmer wohlfühlen.

Gemüse lagern bei Zimmertemperatur

Zwiebeln, Schalotten und Knoblauch dürfen in der Wohnung überwintern. Bei meiner Oma hingen sie zu einem Zopf geflochten auf dem Speicher. Aber wer hat heute noch einen dafür geeigneten Speicher? Wir nicht. In unserer Küche ist es zu warm, deshalb lagere ich Zwiebel- und Knoblauchzöpfe in der meist frostfreien Gartenlaube.

1

Trocknen für den Vorrat

2

SO BEREITEST DU DEINE ERNTE FÜR DIE LAGERUNG VOR

- Nur gut ausgereiftes Gemüse eignet sich zum Lagern.
- Bei Knollengemüse die Blätter vor der Einlagerung entfernen, nur ein kurzer Strunk darf stehen bleiben.
- Gemüse nicht waschen, Erdreste antrocknen lassen, mit der Hand abwischen, sie schützen das Gemüse vor dem Austrocknen.
- Beschädigtes Gemüse darf nicht gelagert werden, es steckt gesundes Gemüse an.
- Einmal in der Woche das Lager kontrollieren und krankes und faules Gemüse entfernen.
- Ein wichtiger Punkt noch: Obst und Gemüse immer getrennt lagern. Äpfel strömen bei der Lagerung ein Reifegas aus, in dessen Gegenwart andere Obstsorten und Gemüse schneller verderben.

1. Es gibt immer jemanden, der sich über unser überschüssiges Gemüse freut.

2. Diese Holzstiege hat unten ein Gitter. Finde ich richtig praktisch, um Kräuter schonend zu trocknen.

Gemüse lagern im kühlen Keller

Hast du einen alten Keller mit gestampftem Lehmboden und dicken Wänden? In dem konstant eine Temperatur von ca. 10 °C bei hoher Luftfeuchte herrscht? Dann herzlichen Glückwunsch, eine bessere Lagermöglichkeit für Gemüse gibt es kaum. Alles was du brauchst, sind ein paar Kisten mit Sand und Lagerstiegen mit luftigem Gitterboden. Kohlköpfe werden in Zeitungspapier eingeschlagen, Knollengemüsse einfach lagenweise

Steht mir gut, der Zwiebelzopf, oder? Achte bei Kartoffelkisten darauf, dass die Kartoffeln luftig lagern. Also entweder in Holzkisten oder, wenn Plastik, dann mit Löchern.

mit dem leicht angefeuchteten Sand bedeckt. Heute sind die meisten Keller leider zu warm, zu trocken und zu hell. In der Folge treibt Gemüse schnell aus und verdirbt.

Gemüse lagern im frostfreien Schuppen

Die Chancen, über einen frostfreien Schuppen, eine Gartenlaube oder eine Garage zu verfügen, stehen schon deutlich höher. In unserer Gartenlaube fallen die Temperaturen nur in sehr harten Wintern unter 0 °C. Meist herrschen dort ganz gute Überwinterungsbedingungen für Gemüse mit Temperaturen zwischen 5 und 10 °C.

Gemüse lagern in Kisten

Kleine Mengen Gemüse kann man gut in Kisten lagern. Du brauchst dazu eine ausreichend große Holzkiste. Styroporboxen sind ebenfalls geeignet. Aber auch Plastikkisten wie ein Baukübel mit Deckel dienen dem Zweck. Bei Styropor- und Plastikkisten musst du in den Deckel eine Entlüftungsmöglichkeit, z. B. ein Loch mit einem Stück Schlauch darin, einbauen. Die Kiste wird mit Stroh ausgekleidet (kann bei der Styroporkiste entfallen) und mit leicht feuchtem Sand gefüllt. Das Gemüse wird schichtweise eingelagert und jeweils mit Sand bedeckt. Als Füllmaterial kannst du auch Perlit verwenden (dann brauchst du kein Stroh). Das ist ein aufgeschäumtes vulkanisches Gestein mit guten klimatischen und isolierenden Eigenschaften. So eine Kiste kann auf dem Balkon stehen und dich den ganzen Winter über mit eingelagertem Gemüse versorgen.

Gemüse lagern in Erdmieten

Die Erdmiete oder der Erdkeller ist etwas aus der Mode geraten. Dabei bieten beide ideale Möglichkeiten, Gemüse über Winter zu lagern. Eine Erdmiete wird im Freien angelegt und muss gut gegen Wühlmäuse geschützt werden. Im Prinzip besteht sie aus einem ca. 50 cm tiefen Erdloch, das mit engmaschigem Draht und einer dicken Sandschicht ausgekleidet wird. Die Wände werden mit Stroh oder Holz isoliert. Das Gemüse lagert in Sand. Verschlossen wird die Erdmiete mit einem Holzbrett. Obendrauf kommt entweder ein Ballen Stroh oder ein Sack mit Styropor und am besten noch eine Folie zum Schutz vor Nässe.

ERDMIETE BAUEN IM HOCHBEET

Du kannst eine Erdmiete auch im Hochbeet oder in einem Frühbeet anlegen. Dort ist sie gut vor Feuchtigkeit geschützt und die Frostgefahr ist geringer. Du brauchst eine Holzkiste mit Deckel, Stroh, Sand, etwas Folie und Steine.

1. Grabe ein Loch in deinem Hochbeet: Es muss rundum ca. 20 cm größer und tiefer sein als der Behälter, den du zur Lagerung nutzen möchtest. Kleide den Boden mit einer 20 cm dicken Strohschicht aus.

2. Setze deinen Behälter mittig hinein und stopfe rundum in die Lücke Stroh hinein. Packe das Stroh richtig dicht, damit die Box und das Gemüse darin gut vor Kälte und Frost isoliert werden.

3. Fülle eine Schicht Sand in den Behälter, lege eine Schicht Gemüse darauf und bedecke das Gemüse mit Sand. Mach weiter so, bis der Behälter zu drei Vierteln voll ist. Die letzte Schicht besteht dann aus Stroh.

4. Verschließe die Kiste mit einem Deckel und beschwere ihn mit einem Stein. Decke das Ganze, zum Schutz vor Feuchtigkeit, zusätzlich mit Folie ab und beschwere die Folie mit Steinen, damit sie nicht wegfliegt.

Keine leeren Beete!

Das Wintergemüse, dass du im Hochsommer in Töpfchen vorgezogen hast, zieht jetzt an die frei gewordenen Plätze im Hochbeet um. Falls du keine eigenen Pflanzen vorgezogen hast, findest du im Gartencenter eine gute Auswahl an Jungpflanzen.

DIE SAISON GEHT WEITER

Feldsalat und Spinat kannst du direkt ins Hochbeet säen. Beide können den ganzen Winter durch an frostfreien Tagen geerntet werden. Wenn du sie breitwürfig säst, dienen sie gleichzeitig als Gründüngung.

GRÜNDÜNGUNG – EIN WICHTIGES STICHWORT

Lass deine Beete möglichst nicht unbedeckt. Wenn du keine Lust auf Wintergemüse hast, streu ein paar Körnchen Gründüngung auf die freien Flächen. Gründüngung schützt die Erde vor Witterungseinflüssen, sie regt das Bodenleben an, lockert den Boden, unterdrückt Unkraut und wirkt, nachdem sie abgestorben ist und sich zersetzt, als natürlicher Dünger.
Gründüngung wird immer breitwürfig ausgebracht und leicht eingeharkt. Bis zur Keimung musst du die Flächen feucht halten. Im Frühjahr harkst du Reste einfach unter. Winterharte Gründüngungspflanzen hackst du im Frühling ab und lässt sie als Mulch liegen.

WELCHE GRÜNDÜNGUNG WOFÜR?

- **Feldsalat:** verbessert die Bodenstruktur, verrottet schnell
- **Spinat:** unterdrückt Unkraut, verrottet schnell
- **Buchweizen:** lockert den Boden tiefgründig, unterdrückt Unkraut
- **Bienenfreund:** unterdrückt Unkraut, bildet Humus, Bienen lieben ihn
- **Ringelblume:** verdrängt Nematoden, verrottet schnell
- **Tagetes:** verdrängt Nematoden, gut für die Bodengesundheit
- **Gelbe Lupine:** bildet Stickstoff, bildet Humus
- **Inkarnat-Klee:** bildet Stickstoff, vertreibt Kohlfliegen
- **Rot-Klee:** bildet Stickstoff, verbessert die Bodenstruktur
- **Winterroggen:** unterdrückt Unkraut, bildet viel Humus

1

2

3

4

Für einen gesunden Boden

1. *Phacelia*, auch bekannt unter dem Namen Bienenfreund, ist eine gute Gründüngung, die sich mit allen anderen Vor- und Nachkulturen verträgt

2. Das vorgezogene Wintergemüse zieht um ins Hochbeet.

3. Wurzelballen vor dem Einpflanzen etwas auflockern, dann wächst die Pflanze besser an.

4. Gründüngung kann auch sehr dekorativ sein, wie hier die Tagetespflanzen.

WAS STEHT AN IM
FRÜHHERBST?

- → Grüne Tomaten ernten und drinnen nachreifen lassen
- → Chilipflanzen zum Überwintern ausgraben
- → Saatgut gewinnen
- → Saatgut lagern
- → Empfindliche Gemüse vor dem ersten Frost ernten
- → Thermometer im Auge behalten, bei frühem Frost Beete mit Vlies abdecken

Späte Ernten: letzte Früchte und Saatgut

Tiefschwarze Holunderbeeren kündigen den Frühherbst an. Tagsüber wärmt die Sonne noch angenehm, aber die Nächte werden schon empfindlich kalt. Es wird Zeit, das letzte Sommergemüse und Saatgut zu ernten.

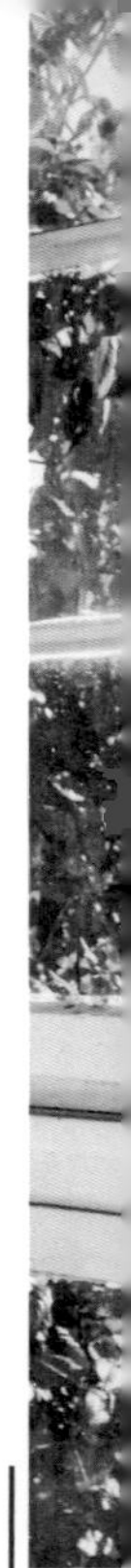

1

TOMATEN UND CHILI

Grüne Tomaten erntest du jetzt besser und lässt sie im Haus nachreifen. Sie neigen in den kalten Nächten dazu aufzuplatzen. Wenn du Platz hast, kannst du einfach die ganze Tomatenpflanze abschneiden und über Kopf in einem kühlen Raum aufhängen. Die Tomaten reifen dann an der Pflanze nach und nach aus. Alternativ lagerst du einzelne Früchte nebeneinander in einer Kiste. Schau regelmäßig rein und sortiere faulende Früchte aus. Chilis sind mehrjährig, aber nicht frostfest. Wenn du sie überwintern willst, grabe sie nach der Ernte aus, setze sie in einen Topf und schneide sie kräftig zurück. Sie brauchen einen hellen Platz und Temperaturen zwischen 12 und 20 °C. Überwinterte Chilis haben im nächsten Jahr einen Vorsprung und tragen mehr Früchte als im ersten Jahr.

SAATGUT GEWINNEN

In unseren Beeten wachsen überwiegend samenfeste Sorten (siehe S. 34). Das hat den Vorteil, dass ich einen Teil unseres Saatguts selbst gewinnen kann. Außerdem passen sich die Sorten so mit jedem Jahr besser an das Klima und den Boden in unserem Garten an.
Bei Tomaten, Auberginen, Paprika, Chili, Zucchini, Kürbis und Pattison kannst du die Ernte nach der Saatgut-

1. Grüne Tomaten reifen kopfüber an der Pflanze sehr gut nach.

2. Koriander ernte ich als Saatgut und als Gewürz für die Küche.

2

gewinnung sogar noch verspeisen. Suche dir nur die schönsten und aromatischsten Früchte zur Saatgutgewinnung aus. **Wichtig:** Zucchini und Kürbisse können sich verkreuzen und ungenießbaren giftigen Nachwuchs bekommen. Wenn Früchte aus selbst gewonnenem Saatgut bitter schmecken, unbedingt wegwerfen!
Tomatenkerne streiche ich auf ein Stück saugfähiges Papier und lasse sie gut trocknen. Wenn ich sie aussäen will, reiße ich mir ein Stück Papier mit einem Samen ab und pflanze es so ein.
Bei Erbsen und Bohnen lasse ich jeweils eine Pflanze Saatgut ansetzen und ernte nur von den restlichen.
Ähnlich halte ich es mit den Blumen. Ein Exemplar jeder Sorte darf Samen ansetzen. Bei den restlichen entferne ich die verwelkten Blüten, damit immer wieder neue Blüten nachkommen.
Sammle dein Saatgut an einem trockenen sonnigen Tag ein und lass es einige Tage an einem warmen trockenen Ort nachtrocknen, bevor du es in Tütchen abfüllst. Beschriften nicht vergessen. Ich erledige das direkt bei der Ernte und stelle die Saatgutschale auf das fertig beschriftete Tütchen.
Saatgut ist nicht ewig haltbar, deshalb vermerke ich auf meinen selbst gepackten Samentütchen auch das Jahr, indem ich es gewonnen habe.

Mein **Vier-Kisten-System:** Eine Kiste für Blumensamen, eine für Salat, eine für Tomaten, Chili, Paprika, Auberginen, Gurken, Zucchini und Kürbisse und eine Kiste für das restliche Gemüse. Ja, das System ist definitiv ausbaufähig.

WAS STEHT AN IM VOLLHERBST?

- → Frühbeet-Aufsatz bauen und damit die Saison verlängern
- → Abgeerntete Gemüsepflanzen abräumen
- → Abgesackte Beete mit Erde auffüllen
- → Leere Beete mit Laub abdecken
- → Möhren für den Frühling säen
- → Saatgut lagern

Saison verlängern

Wenn die Eicheln und die Walnüsse reif werden, ist der Vollherbst da. Nachts gibt es erste Fröste und so richtig warm wird es am Tag auch nicht mehr. Die Gemüse-Saison im Hochbeet muss aber noch nicht vorbei sein.

BEI MIR WIRD DURCHGEERNTET

Zum einen sind da die Wintergemüse, die du noch über einen längeren Zeitraum ernten kannst. Zum anderen kannst du mit einem Frühbeet-Aufsatz die Saison noch ein bisschen weiter nach hinten verlängern.

BEETE ABERNTEN UND BEDECKEN

Jetzt ist auch der Moment gekommen, die letzten abgeernteten Gemüse wie Tomaten-, Kürbis- und Zucchinipflanzen vom Beet zu räumen. Leere Beete kannst du jetzt mit Kompost und Erde auffüllen. Wenn du genügend Laub hast, bedecke deine leeren Beete mit einer dicken Schicht. Das Laub schützt die Beete im Winter und regt das Bodenleben darunter an. Würmer fühlen sich unter so einer Laubschicht so richtig wohl und bedanken sich bei dir mit feinkrümeligem lockeren Boden im Frühjahr.

SAISON VERLÄNGERN MIT EINEM FRÜHBEET-AUFSATZ

Wir haben einen fertig gekauften Frühbeet-Aufsatz und einen selbst gebauten. Der fertig gekaufte Frühbeet-Aufsatz ist gut für die Überwinterung von Wintergemüse und für die frühe Anzucht von Frühlingsgemüse geeignet. In den Sommermonaten bauen wir ihn ab und lagern ihn platzsparend in der Laube. Der selbstgebaute bleibt ganzjährig auf dem Beet. Im Sommer nutzen wir ihn zum geschützten Anbau wärmeliebender Pflanzen. Er ist nicht ganz einfach zu bauen, aber dafür ein echtes Schmuckstück im Garten. Du brauchst auf jeden Fall eine zweite Person beim Zusammenbauen.

Früher Start in die nächste Saison

Du kannst dein Frühbeet nicht nur über den Winter, sondern auch zum nächsten Saisonstart im Vorfrühling nutzen – entweder einfach so, wie es ist, als kaltes Frühbeet oder aber als warmes Frühbeet, wenn du schon im Februar mit der Aussaat beginnen willst: Dazu im Winter, etwa zwei bis drei Wochen, bevor du säen willst, etwa 20 bis 30 cm Erde aus deinem Hochbeet entfernen (aufheben!), dann eine 10 cm dicke Schicht Laub einfüllen und ca. 20 cm frischen Pferdemist daraufgeben. Zum Schluss verteilst du die vorher ausgehobene Erde darauf.
Der Mist wirkt wie eine Fußbodenheizung und schafft so beste Bedingungen für frühe Aussaaten.

1. Wenn du genügend Laub hast, nutze es, um leere Beete abzudecken.

2. Unser selbst gebautes Frühbeet ist ein Schmuckstück, mit dem wir die Saison verlängern. Die ausführliche Anleitung findest du unter www.der-kleine-horror-garten.de

3. Das letzte Sommergemüse räumt jetzt endgültig das Beet.

1

2

Möhren säen

Wenn der Vollherbst beginnt, kannst du noch Möhren für die Ernte im nächsten Jahr säen. Die Temperaturen reichen noch aus für die Keimung. Die Möhren überwintern als kleine Pflänzchen und schalten im nächsten Jahr mit dem ersten Sonnenstrahl den Turbo ein. So frühe gesunde Möhren hast du noch nie geerntet. Wichtig: Möhren gehören ins kalte, nicht ins warme Frühbeet. Sie mögen keinen Mist.

3

WINTERGEMÜSE

Die letzten im Beet

- Feldsalat
- Spinat
- Portulak
- Grünkohl
- Palmkohl

Die ersten im Beet

- Radieschen
- Asia-Salate
- Pak Choi
- Tatsoi
- Möhren
- Wintersalat

WAS STEHT AN IM SPÄTHERBST UND IM WINTER??

→ Wintergemüse ernten
→ Frühbeet regelmäßig lüften
→ Schnittgut sammeln als Hochbeetfüllung
→ Zweites Hochbeet bauen
→ Pläne machen für die nächste Gartensaison

Zeit zum Ausruhen

Im Vollherbst verfärbt sich das Laub der Stiel-Eiche, um im Winter schließlich zu Boden zu fallen. Im Garten kehrt Ruhe ein. Du kannst zwar immer noch Wintergemüse ernten, aber sonst gibt es nicht viel zu tun.

Frische Vitamine im Winter

Feldsalat kannst du den ganzen Winter hindurch und weit in den Frühling hinein ernten.

AN FROSTFREIEN TAGEN ERNTEN

Ernte Kohl, Spinat und Feldsalat nur an Tagen über 0 °C. Die Blätter überstehen zwar den Frost an der Pflanze ohne Probleme, aber wenn du sie gefroren erntest, fallen sie in der Küche, wenn sie auftauen, einfach in sich zusammen.

Wenn du ein Frühbeet hast, musst du es regelmäßig lüften und die Pflanzen darin an frostfreien Tagen auch mal gießen. Die meisten Pflanzen vertrocknen im Winter nämlich eher, als dass sie erfrieren. Gilt auch gerade bei Kübelpflanzen. Also, falls du welche hast, auch die ab und an gießen.

PLÄNE SCHMIEDEN

Insgesamt bleibt dir jetzt reichlich Zeit, um deine erste Hochbeet-Saison Revue passieren zu lassen. Was hat gut funktioniert? Was weniger gut? Hast du genügend Gemüse geerntet oder könnte es von der einen oder anderen Sorte ruhig etwas mehr sein? Welche Sorten haben dir besonders gut geschmeckt? Mach dir Notizen und plane damit deine Beetbepflanzung im nächsten Jahr. Und wenn du vom Hochbeet-Gärtnern genauso begeistert bist wie ich, dann bau doch einfach ein neues Hochbeet.

VORFREUDE AUF DEN FRÜHLING

Ein kleines DIY für kalte Tage habe ich noch für dich. Aus deinem gesammelten, aber auch aus gekauftem Saatgut, kannst du dir Saatbänder basteln. Damit gelingt die Aussaat im nächsten Frühjahr gleich im richtigen Abstand. Saatbänder kann man auch fertig kaufen, aber Selbermachen macht mehr Spaß und günstiger ist es auch. So ein Saatband ist schnell gebastelt und du musst dir im Frühling um den richtigen Abstand deiner Aussaat keine Gedanken mehr machen. Außerdem kannst du es mit genau den Gemüsesamen versehen, die du gerne anbauen möchtest. Aufgerollt und hübsch verpackt lassen sich Saatbänder auch gut verschenken.

SELBST GEMACHTES SAATBAND

Optimale Saatgut-abstände

1. Das brauchst du:

- 1 m Klopapier
- Schere, Stift
- Mehl
- Wasser
- Pinsel oder Stäbchen
- Maßband
- Saatgut
- Pinzette

2. Schneide das Klopapier in ca. 2 cm breite Streifen. Schreibe an ein Ende, welches Saatgut sich darin befinden wird. Rühre aus Mehl und ein paar Tropfen Wasser einen zähen Kleber an. Tupfe ihn mit einem Pinsel oder einem Stäbchen im richtigen Abstand auf die Papierstreifen.

3. Auf jeden Tupfen legst du ein Saatkorn. Bei kleinen Saatkörnern geht das am besten mit einer Pinzette.

4. Lass den Papierstreifen schnell auf der Heizung trocknen, rolle ihn zusammen und lagere ihn dunkel und trocken.

DIE MUSTERBEETE

RAP-ZAP FERTIG!

Die erste Ernte kannst du schon zwei bis drei Wochen nach der Aussaat einfahren, andere Sorten brauchen etwas länger. Aber mit deinen Ernteerfolgen wächst auch deine Geduld. Versprochen.

Das Rap-Zap-Beet

Ungeduld gehört zu deinen Kernkompetenzen? Dann habe ich was für dich. Ein Beet mit lauter Schnellstartern. Von der Aussaat bis zur Ernte im Nullkommanichts. Naja nicht ganz, aber immerhin sind auf diesem 2 × 1 m großen Hochbeet die Schnellsten ihrer Art versammelt.

ERSTFRÜHLING

Die Forsythienblüte zeigt den Erstfrühling an und gibt dir das Startzeichen für die Aussaat in deinem Hochbeet.

Du fängst mit den Radieschen an. 10 cm vom Beetrand entfernt ziehst du eine 1 cm tiefe Rille und streust die Radieschensamen dünn hinein. Verschließe die Rille und drücke die Erde leicht an. Markiere die Rille, zum Beispiel mit einer beschrifteten Tonscherbe.

In 30 cm Abstand ziehst du die nächste Rille. Hier säst du Schnittsalat. Bedecke die Samen nur ganz leicht mit Erde. Salat ist ein Lichtkeimer. Verschließen und mit Tonscherbe markieren.

Nochmal 30 cm abmessen – jetzt sind die Zuckererbsen an der Reihe. Säe ruhig eng, du wirst die Sprossen ernten und nicht die Schoten. Rille verschließen und mit Tonscherbe markieren. Das gleiche Spiel noch zweimal mit Spinat und Mairübchen. Jetzt alles gründlich angießen. Du musst die Saat unbedingt bis zur Keimung feucht halten. Decke das Beet in den ersten Tagen am besten mit einem Vlies ab. Dann scharren die Vögel nicht nach der Saat und die Erde trocknet nicht so schnell aus. Sobald sich die ersten Keimlinge zeigen, kommt das Vlies runter.

Erste Ernten

In zwei bis drei Wochen kannst du zum ersten Mal Erbsensprossen ernten. Sie werden einfach 5 cm über der Erde abgeschnitten. Du kannst sie roh im Salat oder kurz gedünstet genießen. Sie werden noch zwei- bis dreimal nachwachsen.

SAATGUT

Erstfrühling
- Radieschen
- Schnittsalat
- Zuckererbsen
- Spinat
- Mairübchen

Vollfrühling
- Buschbohnen

PFLANZEN

Vollfrühling
- 2 × Gurke
- 3 × Basilikum
- 5 × Bohnenkraut
- 4 × Kartoffel, frühe Sorte

Frühsommer
- 8 × Kohlrabi

Spätsommer
- 5 × Fenchel
- 5 × Chinakohl

1

Radieschen
Schnittsalat
Zuckererbsen
Spinat
Mairübchen

Dein Beet im **Erstfrühling**

2

1. Reihensaat ist für den schnellen Wechsel von Gemüsesorten am besten geeignet.
2. Zuckererbsensprossen sind nach wenigen Wochen erntereif – schneller geht es kaum.

Das gibt es sonst noch zu tun

Falls deine Radieschen zu dicht stehen, vereinzele sie nach dem Keimen. Der optimale Abstand liegt bei 5 cm. Die rausgerissenen Pflänzchen kannst du dir aufs Butterbrot streuen. Sie schmecken sehr fein.
Für Bohnen und Kartoffeln ist es noch zu frisch. Die kommen erst im Mai ins Beet. Aber die Kartoffeln kannst du schon mal vorkeimen. Lege sie dafür in einen Eierkarton und stelle ihn geöffnet an ein helles Fenster. Allzu warm muss es nicht sein. Nach zwei bis drei Wochen zeigen sich kräftige kurze Keime. Wenn die Keime zu lang werden, stelle die Kartoffeln kühler, aber immer noch hell.

VOLLFRÜHLING

Mit der Apfelblüte beginnt der Vollfrühling. Die Aussaaten in deinem Beet sind bereits kräftig gewachsen. Bald kannst du die ersten Radieschen, Pflücksalat, Spinat und Mairübchen ernten. Den Spinat schneidest du 5 cm über der Erde ab. Er wächst noch einmal nach. Mairübchen schmecken am besten, wenn sie golfballgroß sind.
Zwei Reihen sind noch leer: Die füllst du jetzt mit

Bohnen und Kartoffeln. Ziehe für die Bohnen eine Rille mit 30 cm Abstand zu den Mairübchen und lege alle 5 cm eine Bohne hinein. Verschließen und mit Tonscherbe markieren. In die letzte Reihe kommen die Kartoffeln. Grabe vier tiefere Löcher und versenke deine vorgekeimten Pflanzkartoffeln vorsichtig darin. Streue etwas Urgesteinsmehl über die Knollen, das schützt vor Pilzkrankheiten, zum Beispiel Braunfäule. Löcher verschließen. Reihe markieren und alles sehr gründlich angießen.

Nach den Eisheiligen, Mitte Mai, nehmen zwei Gurkenpflanzen den Platz ein, der bis dahin von den Radieschen besetzt war. Bringe vor der Pflanzung eine Rankhilfe an (siehe S. 31), Gurken wollen hoch hinaus. Gib ihnen ein bisschen organischen Langzeitdünger mit ins Pflanzloch, sie sind hungrig. Gut untermischen, damit die Wurzeln nicht auf dem Dünger sitzen. Zwischen den Gurken pflanzt du Basilikum. Die beiden mögen sich sehr. Alles bitte gut angießen.

Sobald du die Mairübchen geerntet hast, kommt an ihrer Stelle Bohnenkraut ins Beet. Es verbessert – auch beim Kochen – das Aroma deiner Bohnen und schützt sie vor Läusen. Lockere die Erde vor dem Pflanzen etwas auf und verteile die Pflänzchen gleichmäßig in der Reihe. Beschriften und angießen nicht vergessen.

*das **kommt** jetzt ins Beet*

*das **ist** schon im Beet*

Basilikum + Gurken

Schnittsalat

Zuckererbsen

Spinat

Bohnenkraut

Bohnen

Kartoffeln

Dein Beet im **Vollfrühling**

Aussaaten immer gut angießen.
Ich nehme dafür gern meine Kindergießkanne.

FRÜHSOMMER

Mit der Holunderblüte beginnt der Frühsommer. Der Spinat verabschiedet sich mit einer letzten Ernte, ihm wird es jetzt zu warm. Die Zuckererbsen können auch raus. Dafür ist jetzt Platz für acht Kohlrabipflanzen. Lockere die Erde vor der Pflanzung etwas auf. Wir müssen unseren Kohlrabi mit Cloches aus Hasendraht gegen Tauben schützen. Sie würden ihn sonst ratzfatz auffressen. Also, falls Tauben bei dir ein Problem sind, gönne den Kohlrabis ein schützendes Hütchen.

HOCHSOMMER

Heiße Tage, kurze Nächte, jetzt ist so richtig Sommer. Zeigerpflanze ist die süß nach Honig duftende blühende Sommer-Linde. Dein Hochbeet sieht aus wie ein grüner Dschungel. Der Schnittsalat schießt, nimm ihn aus dem Beet. Er macht Platz für eine zweite Aussaat Buschbohnen. Ich decke meine Bohnenaussaat gerne mit einem schmalen Brett ab. Dann kommen die Vögel nicht dran und die Erde bleibt länger feucht. Du musst aber jeden Tag nachsehen, ob sie schon gekeimt sind. Dann muss das Brett sofort weg.

Die Bohnen deiner ersten Aussaat kannst du bereits ernten und die ersten Gurken sollten jetzt auch erntereif sein.

Außer immer wieder eine Runde zu gießen und zu ernten gibt es im Hochsommer nichts zu tun. Genieße die Zeit.

Die Radieschen haben fertig!

Dein Beet im **Frühsommer**	Dein Beet im **Hochsommer**
Basilikum + Gurken	Basilikum + Gurken
Schnittsalat	**Bohnen**
Kohlrabi	Kohlrabi
Kohlrabi	Kohlrabi
Bohnenkraut	Bohnenkraut
Bohnen	Bohnen
Kartoffeln	Kartoffeln

PLATZ SCHAFFEN FÜR DIE GURKEN

IMMER SCHÖN BESCHRIFTEN

JUNG ERNTEN UND GENIESSEN

1

2

3

Dein Beet im **Spätsommer**
Basilikum + Gurken
Bohnen
Kohlrabi
Kohlrabi
Bohnenkraut
Fenchel
Chinakohl

Dein Beet im
Spätsommer

SPÄTSOMMER

Die Früchte der Eberesche färben sich rot, an manchen Abenden brauchst du wieder einen Pullover, der Spätsommer ist da. Es wird Zeit für die große Kartoffelernte. Pflücke vorher die Bohnen neben den Kartoffeln nochmal durch und nimm dann die Pflanzen raus. Du brauchst Platz, um die Kartoffeln auszugraben und die nächsten Bohnen wachsen ja schon am anderen Beetende. Am besten erntest du die Kartoffeln mit einer Grabegabel mit kurzem Griff. Sei vorsichtig, damit du möglichst wenige Knollen verletzt. Ganz ohne aufspießen klappt es meistens nicht. Grabe ordentlich tief, unten liegen oft die dicksten Knollen.

Lass deine Ernte ein paar Tage an einem geschützten Ort abtrocknen und lagere sie dann möglichst kühl und dunkel.

Schneide das Bohnenkraut in Form und trockne den Rückschnitt. Fein gerebelt kannst du Bohnenkraut gut zum Würzen von Suppen und Eintöpfen verwenden.

Gibt immer was zu ernten

4

Dein Beet im Sommer

1. Bohnenkraut hält Läuse von Buschbohnen fern und schmeckt dazu noch lecker.
2. Junge Kohlrabipflanzen kannst du mit Drahtglocken vor gefräßigen Tauben schützen.
3. Am Rankgitter brauchen Gurken wenig Platz und du kannst über einen langen Zeitraum Früchte ernten.
4. Bohnen musst du für eine lange und große Ernte regelmäßig durchpflücken.

Die Lücken im Beet füllst du mit gekauften Fenchel- und Chinakohlpflanzen. Jeweils fünf passen in eine Reihe. Lockere die Erde gut auf und arbeite eine Handvoll organischen Biodünger ein. Die Kartoffeln haben ordentlich Nährstoffe aus dem Beet gezogen.

FRÜHHERBST

Am Holunder glänzen die Beeren tiefschwarz, der Frühherbst ist da. Die Gurken produzieren jetzt kaum noch Blüten, lass sie trotzdem stehen, solange noch etwas dranhängt. Spätestens Ende September sind sie durch und auch dem Basilikum wird es dann zu kalt. Nimm die Pflanzen heraus und lockere die Erde im Hochbeet etwas auf.
Pflücke die Bohnen regelmäßig durch und ernte nach und die Kohlrabis, deine erste Hochbeet-Saison neigt sich dem Ende zu. Wenn du in die Winterverlängerung gehen willst, kannst du leere Reihen mit Spinat einsäen oder vorgezogenen Feldsalat im Gartencenter besorgen.

Spinat
Bohnen
Feldsalat
Kohlrabi
Bohnenkraut
Fenchel
Chinakohl

Dein Beet im **Frühherbst**

Spinat
Möhren oder Feldsalat
Feldsalat
Möhren
Bohnenkraut
Chinakohl

Dein Beet im **Spätherbst**

VOLLHERBST UND SPÄTHERBST

Im Wald fallen die Eicheln, im Garten die Temperaturen, der Spätherbst ist gekommen. Ernte deinen Fenchel vor dem ersten Frost, du kannst ihn gut im Kühlschrank lagern. Chinakohl kommt mit Minusgraden ganz gut klar, Feldsalat und Spinat ebenfalls.

Noch ein letzter Vorschlag

Du kannst Anfang Oktober noch Möhren für die nächste Saison säen. Rap-Zap ist das dann zwar nicht mehr, aber vielleicht ist deine Geduld ja durch deine bisherigen Erfolge gewachsen. Ziehe eine 1 cm tiefe Rille und streue die Möhrensamen möglichst dünn hinein. Rille verschließen und angießen. Die Möhren keimen noch vor dem Winter. Den Keimlingen macht Frost nichts aus und im nächsten Jahr starten sie dann rap-zap in die neue Saison.

Mach dir keine Sorgen, wenn die Möhren lange nicht zu sehen sind. Sie keimen wirklich sehr langsam. Achte nur darauf, dass die Saatreihe nicht austrocknet. Du kannst sie, sollte es wirklich noch sehr trocken sein, auch gut mit Pappe abdecken, damit die Feuchtigkeit länger hält. Allerdings ist es um diese Jahreszeit oft nass genug, auch ohne gießen.

1

2

3

4

Pflanzen für Herbst und Winter

1. Fenchel kaufe ich am liebsten vorgezogen.

2. Vor dem Pflanzen Erde mit dem Grubber einebnen.

3. Chinakohl bildet richtig viel Blattmasse in kürzester Zeit.

4. Neu bepflanzt für Herbst und Winter!

Das Bella-Italia-Beet

Du liebst die italienische Küche? Dann ist das dein Beet. Hier wachsen auf 2 x 1 m die Hauptzutaten für Pasta, Pizza und Co. friedlich nebeneinander und warten nur darauf, von dir geerntet zu werden.

1

GEEIGNETE TOMATEN-SORTEN

Da deine Tomaten in dem Beet kein Dach über dem Kopf haben, entscheide dich unbedingt für Sorten, die widerstandsfähig gegenüber Braunfäule sind. Ich habe gute Erfahrungen mit 'Allgäuer Schönheit', 'Philovita' und der Wildtomate 'Bianca' (sehr kleine Früchte, aber super lecker) gemacht. Wenn du die in der Pflanzliste vorgeschlagenen Sorten nicht bekommst, kannst du selbstverständlich auch andere freilandgeeignete Sorten nehmen.

ERSTFRÜHLING

Die Hochbeet-Saison beginnt eigentlich mit den gelben Blüten der Forsythie, aber nicht für die wärmeliebenden Südländer. Denen ist es jetzt

SAATGUT UND KNOLLEN

Erstfrühling und Spätherbst
- Spinat

Hochsommer
- Schwarzer Palmkohl 'Nero di toscana'

Spätherbst
- 10 × Knoblauch

PFLANZEN

Vollfrühling
- 1 × Zucchini 'White Bush'
- 2 × Tomate: 'Allgäuer Schönheit', 'Bianca'
- 2 × Aubergine
- 1 × Paprika 'Tequilla Sunrise'
- 1 × Chili 'Lemondrop'
- 3 × Basilikum

Noch mehr Tomaten fürs Freiland
- 'Nagina'
- 'De Berao'
- 'Resi'
- 'Rote Murmel'

noch viel zu kalt. Eigene Pflanzen vorzuziehen lohnt sich für die wenigen Pflanzen nicht so richtig. Du brauchst dafür viel Licht und Wärme. Ich empfehle dir, im Mai den Kauf von vorgezogenen Pflanzen.
Wenn du aber trotzdem loslegen willst, dann säe dein Beet im März mit Spinat ein. Wenn das Wetter mitspielt, kannst du, bevor deine Hauptdarsteller ins Beet einziehen, zarte Spinatblättchen ernten. Dafür musst du das Saatgut einfach breitwürfig im kompletten Hochbeet verteilen und mit dem Grubber leicht einrechen. Gut angießen. Fertig.

VOLLFRÜHLING

Die Apfelbäume blühen, der Vollfrühling hat begonnen. Für Tomaten, Auberginen und Co. ist es aber immer noch zu kalt. Warte unbedingt, bis die Eisheiligen Mitte Mai vorbei sind, bevor du deine gekauften Pflanzen ins Beet setzt. Falls du Spinat gesät hast, musst du ihn jetzt ernten oder als Mulch liegen lassen.
Für Tomaten, Chili, Paprika und Auberginen gilt: Du kannst sie tiefer pflanzen, als sie vorher standen. Sie bilden sogenannte Adhäsivwurzeln am Stängel und werden dadurch kräftiger (siehe S. 40). Gib in die Pflanzlöcher eine Portion organischen Tomatendünger und arbeite ihn etwas unter. Die Pflanzen sollen nicht mit den Wurzeln auf dem Dünger sitzen. Die Tomaten und Auberginen bekommen direkt einen Stützstab mit ins Pflanzloch, an dem du sie später anbinden kannst. Bei den Auberginen reicht 1 m, die Tomaten brauchen

2

1. Zwei Quadratmeter für einen Sommer voller Urlaubsaromen

2. Tomaten brauchen unbedingt eine Stütze. Steck sie am besten direkt bei der Pflanzung mit ins Pflanzloch. Geize deine Tomaten regelmäßig aus, damit die Kraft in die Früchte fließt.

1

1. Über einen Tontopf direkt an die Wurzeln zu gießen, spart Wasser.
2. Auberginen fühlen sich im Hochbeet richtig wohl.
3. 'Lemon Drop' ist eine hübsche gelbe Chili mit angenehmer Schärfe.
4. Die Fleischtomate 'Allgäuer Schönheit' hat große aromatische Früchte und kommt super mit den Bedingungen im Freiland zurecht.

Zucchini	Tomate	Tomate
	Aubergine	Basilikum
Aubergine + Basilikum	Paprika	Basilikum + Chili

Dein Beet im **Vollfrühling**

eher 1,50 bis 1,80 m. Grabe neben den Tomaten einen Tontopf ein, dann kannst du sie darüber gießen. Das Wasser erreicht dann schneller die Wurzeln und die Tomaten werden besser versorgt.
Die Zucchini bitte nur so tief pflanzen, wie sie vorher im Topf stand.
Die Basilikumpflanzen brauchen keinen extra Dünger. Sie werden so tief gepflanzt, wie sie auch vorher im Topf standen.

FRÜHSOMMER

Der blühende Holunder kündigt den Frühsommer an. Die Pflanzen in deinem Beet sind jetzt in der Wachstumsphase. Sobald sich an der Stabtomate Geiztriebe zeigen, brichst du sie mit der Hand aus. Die Pflanze soll ihre ganze Kraft in die Früchte stecken. Wenn du eine Buschtomate gepflanzt hast, lass sie einfach wachsen. Schneide sie nur zurück, wenn sie zu viel Platz einnimmt.

2

Gegen Ende des Frühsommers kannst du vielleicht schon erste Zucchini ernten. Ernte Zucchini immer jung, das regt die Pflanze zur Bildung neuer Früchte an.
Zwicke die Spitzen bei deinem Basilikum ab und verwende sie in der Küche. Basilikum muss regelmäßig entspitzt werden, damit es sich verzweigt und du den ganzen Sommer hindurch ernten kannst. Lies noch mal auf Seite 53 die Tipps zur Basilikum-Ernte nach.

3

HOCHSOMMER

Riechst du das, dieser süße Duft nach Honig? Das sind die Lindenblüten, sie kündigen den Hochsommer an. Ernte weiter junge Zucchini und Basilikum und vergiss auch nicht die Tomaten weiter auszugeizen und anzubinden. Bis die ersten Früchte reif werden, dauert es nicht mehr lange. Sorge dafür, dass deine Pflanzen gut mit Wasser versorgt sind. Mulche die Erde mit Brennnessel- und Beinwellblättern, wenn du welche hast. Rasenschnitt ist auch gut geeignet. Die Mulchschicht hält die Erde länger feucht und verhindert, dass in der Erde lebende Pilze, zum Beispiel der Erreger der Braunfäule, bei Regen auf die Blätter deiner Tomaten spritzen.
Auch wenn es gerade sehr heiß ist, solltest du jetzt an den Winter denken. Der richtige Zeitpunkt für die Aussaat von Palmkohl ist gekommen. Fülle fünf Aussaat-Töpfchen mit torffreier Erde, mach ein 1 cm tiefes Loch und lege je einen Palmkohlsamen hinein. Loch verschließen, gut angießen und bis zur Keimung nicht mehr austrocknen lassen.

4

SPÄTSOMMER

Sobald sich die Früchte der Eberesche rot färben, ist der Spätsommer da. Auch deine Tomaten haben jetzt Farbe bekommen und du kannst fast täglich Früchte ernten. Kappe deine Tomatenpflanzen jetzt oberhalb des letzten Fruchtstandes, damit die ganze Kraft in die bereits vorhandenen Tomaten geht.

Ob deine Auberginen reif sind, erkennst du daran, dass die Früchte glänzen (siehe S. 53). Die ersten Chilis, die du erntest, sind verhältnismäßig mild (kommt natürlich auf die Sorte an). Je mehr Sonne sie abbekommen, desto schärfer werden sie. Paprika kannst du grün ernten oder warten, bis die Früchte ihre endgültige Farbe bekommen haben. Dann schmecken sie auf jeden Fall süßer und haben mehr Aroma.

FRÜHHERBST

Die Holunderbeeren sind jetzt tiefschwarz, der Frühherbst ist da. Die Nächte sind schon recht kalt. Basilikum macht bei Temperaturen unter 5 °C schlapp. Ernte die Pflanzen noch einmal ab und nimm sie dann aus dem Beet. Der große Unterschied zwischen Tag- und Nachttemperaturen führt dazu, dass an deinen Tomaten die Früchte aufplatzen. Ernte deine Tomaten Ende September ab, lass grüne Früchte im Haus nachreifen oder hänge die ganze Pflanze zum Nachreifen auf (siehe S. 78).

Willkommen in meinem mediterranen Dschungel.

1

2

Auch mit den Zucchini, Auberginen, Paprika und Chili ist jetzt nicht mehr viel los. Wenn du die Chili über den Winter bringen willst, ernte sie ab, schneide sie kräftig zurück, grabe sie aus und pflanze sie in einen Topf mit frischer Erde. Du brauchst einen hellen, nicht zu warmen Platz (10 bis 15° C) zum Überwintern. Im nächsten Jahr beginnt die Chili dann mit einem deutlichen Vorsprung mit der Produktion von Früchten.

VOLLHERBST UND SPÄTHERBST

Im Wald fallen die Eicheln, der Spätherbst ist da. Spätestens jetzt solltest du dein Beet leerräumen. Nimm auch den Mulch herunter. Damit es über Winter nicht unbedeckt bleibt und du dann auch noch etwas ernten kannst, säst und pflanzt du jetzt noch einmal neu. Der Palmkohl, den du im Hochsommer gesät hast, ist inzwischen zu einem kleinen Pflänzchen herangewachsen. Gib ihm eine Handvoll Bio-Tomatendünger mit ins Pflanzloch – Palmkohl ist hungrig – und arbeite ihn etwas unter. Am vorderen Beetrand (Südseite) steckst du in einem Abstand von 15 cm Knoblauchzehen. Im restlichen Beet säst du breitwürfig Spinat und harkst ihn etwas unter.

Der Spinat ist als Bodendecker für den Winter gedacht. Vom Palmkohl kannst du während des Winters immer wieder die unteren Blätter abernten. Den Knoblauch kannst du nächstes Jahr im Frühsommer ernten, bevor die neue Beetbepflanzung groß wird.

1. Im Herbst ziehen Palmkohl, Spinat und Knoblauch in unser Hochbeet ein.

2. Knoblauch wird im Oktober gesteckt und im Frühjahr geerntet.

Spinat + Palmkohl	Spinat + Palmkohl	Spinat + Palmkohl
Spinat	Spinat	Spinat
Knoblauch + Palmkohl/Spinat	Knoblauch + Spinat	Knoblauch + Palmkohl + Spinat

Dein Beet im **Spätherbst**

Das Hop-in-den-Wok-Beet

Ich liebe die asiatische Küche. Knackiges Gemüse, einmal durch den Wok geschwenkt, mit aromatischen Kräutern getoppt. So einfach. So lecker. Falls du auch ein Fan bist, ist das Asia-Hochbeet genau das Richtige für dich. Dort wächst rund ums Jahr alles, was du dafür brauchst.

QUADRATE FÜR MEHR VIELFALT

Unser Hop-in-den-Wok-Hochbeet ist 2 × 1 m groß. Bevor du es bepflanzt, musst du es in achtzehn Quadrate aufteilen. Durch den Anbau in Quadraten bekommst du viel mehr verschiedene Gemüse- und Kräutersorten unter als beim Reihenanbau. Unser Beet ist aus Holz, da lassen sich die Quadrate schnell und einfach markieren. Du brauchst dafür nur ein Metermaß, einen Hammer, eine feste Gartenschnur und ein paar kleine Nägel. Fang an einer Ecke an und schlage alle 33 cm einen Nagel in die Hochbeet-Umrandung. Dann die Schnur an einem Nagel befestigen und ohne abzusetzen die Quadrate markieren. Schnur festknoten, jetzt kannst du das Hochbeet einsäen und bepflanzen.

VORFRÜHLING

Halte Ausschau nach den ersten Schneeglöckchen. Zwei Wochen, nachdem sie ihre Blüten geöffnet haben, kannst du mit der Aussaat der kältetoleranten Sorten beginnen. Den Asia-Salaten, dem Ret-

SAATGUT

Vorfrühling
- Asia-Salat-Mischung
- Tatsoi
- Pak Choi
- Radieschen, klassisch rot
- Radieschen 'Eiszapfen'

Erstfrühling
- Mangold 'Bright Lights'
- Möhren
- Rettich 'Ostergruß'
- Kürbis 'Hidemi'

Frühherbst
- Spinat

Vollherbst
- Asia-Salat-Mischung
- Möhren

Ein ganzes Hochbeet voller asiatischer Aromen. Hier wächst alles, was du für eine asiatisch angehauchte Küche brauchst.

tich und den beiden Radieschen-Sorten machen kalte Nächte nichts aus, deshalb dürfen die Samen schon ins Beet.

Für die Asia-Salate ziehst du im jeweiligen Quadrat zwei Rillen im Abstand von 15 cm, ca. 1 cm tief, wirfst etwa alle 2 cm ein Samenkörnchen hinein, schiebst die Rillen vorsichtig zu und drückst die Erde mit der Handfläche etwas an.

Die Radieschen kannst du auch in Reihen säen oder du baust dir ein praktisches Dibbelbrett (siehe S. 124) und sparst dir damit später das Pikieren der Radieschen. Natürlich kannst du auch einfach 25 Löcher im Abstand von jeweils 5 cm machen.

Für den Rettich machst du pro Quadrat neun Löcher, 1 bis 2 cm tief, wirfst je ein Samen-Körnchen hinein und verschließt die Löcher wieder.

Jetzt noch alles gründlich mit einer Gießkanne mit Brause angießen, und der Grundstein für eine baldige Ernte ist gelegt. Decke das Beet in der ersten Woche mit einem lichtdurchlässigen Vlies ab. Das hält Vögel davon ab, nach den Samen zu scharren und schützt die Saat auch vor ungemütlichem Wetter. Nimm es ab, sobald sich die ersten Keimlinge blicken lassen.

PFLANZEN

Vollfrühling

- 1 × Koriander
- 1 × Thai-Basilikum
- 1 × Koreanischer Koriander
- 2 × roter Grünkohl
- 1 × Käse- oder Austernpflanze
- 32 × Steckzwiebeln
- je 1 Knolle Ingwer und Kurkuma

Spätsommer

- 8 × Fenchel
- 8 × Kohlrabi
- 3 × Chinakohl

1

2

3

1. Nägel im Abstand von 33 cm im Hochbeet-Rand einschlagen
2. Ein stabiles Seil spannen, um die einzelnen Quadrate zu markieren.
3. Quadrate nach und nach laut Anbauplan mit Gemüse einsäen.

Vorziehen

Pak Choi und Tatsoi ziehst du jetzt auf einer hellen Fensterbank bei 18 bis 20 °C vor. Du brauchst im Beet für drei Quadrate neun Pak-Choi- und 18 Tatsoi-Pflänzchen. Fülle dazu deine Anzuchttöpfchen mit torffreier Anzuchterde und versenke in jedem einen Samen etwa 1 cm tief. Gut angießen und nicht austrocknen lassen. Sobald deine Pak-Choi- und Tatsoi-Pflänzchen richtige Blätter haben (vielleicht ist das auch erst im Erstfrühling der Fall), kannst du sie abhärten für das wilde Leben im Beet. Stelle sie tagsüber für ein paar Stunden nach draußen, zuerst in den Schatten, nach drei bis vier Tagen in die Sonne. Nach einer Woche kannst du sie dann ins Beet einpflanzen. In einem Quadrat ist Platz für jeweils neun Pflänzchen.
Alternativ kannst du dir Pak Choi Mitte/Ende April als Jungpflanze kaufen. Er ist etwas temperatursensibel und schießt schnell, wenn es ihm bei der Anzucht zu warm oder zu kalt ist. Das Problem umgehst du mit dem Kauf von Jungpflanzen.

ERSTFRÜHLING

Deine Erstaussaat ist inzwischen gekeimt und bald schon kannst du das erste Grün ernten. Falls du deine Ra-

Radieschen vereinzeln, spätestens wenn die ersten richtigen Blätter kommen.

dieschen in Reihen gesät hast, sogar schon jetzt. Die Pflänzchen brauchen einen Abstand von 3 bis 5 cm zueinander. Zu dicht stehende Keimlinge reißt du jetzt raus (los, trau dich!) und isst sie auf einem Butterbrot. Auch beim Asia-Salat kannst du so vorgehen. Aber erst, nachdem du noch ein paar freie Felder im Beet eingesät hast. Für den Mangold machst du fünf Löcher pro Quadrat, 1 bis 2 cm tief, legst je einen Samen hinein und verschließt die Löcher wieder.
Die Möhren säst du am besten mit dem Dibbelbrett (siehe S. 124), dann sparst du dir das Vereinzeln. Du kannst sie aber auch in zwei Reihen, ca. 1 cm tief, mit 15 cm Abstand säen. Versuche den Samen möglichst dünn auszustreuen. Wenn du ihn 1 : 1 mit Sand mischst, geht das einfacher. Möhren brauchen lange zum Keimen, also nicht verzweifeln, wenn sich erst mal nichts tut. Erde immer schön feucht halten und in Geduld üben.
Jetzt zu den Steckzwiebeln: Jeweils 16 passen in ein Quadrat. Steck sie nur so tief in die Erde, dass die Spitze rausschaut. Geh einmal mit der Gießkanne über das Beet und lass dir die Radieschen-Keimlinge schmecken.

Vorziehen

Den Kürbis ziehst du auf der warmen Fensterbank vor. Du brauchst dafür ein Töpfchen von 9 cm Durchmesser. Kürbis-Keimlinge werden schnell groß. Fülle das Töpfchen zu zwei Dritteln mit torffreier Blumenerde, das oberste Drittel besteht aus torffreier Anzuchterde. Lege zwei Samen in den Topf. Wenn beide aufgehen, lass nur den kräftigeren stehen. Alternativ kannst du auch eine Kürbispflanze kaufen und sie nach den Eisheiligen ins Beet setzen.

Asia-Salat	**Pak Choi**	**Radieschen**	**Tatsoi**	**Radieschen**	**Asia-Salat**
Rettich					
	Tatsoi	**Asia-Salat**			**Radieschen**

Dein Beet im **Vorfrühling**

Dein Beet im **Erstfrühling**

Asia-Salat	Pak Choi	Radieschen	Tatsoi	Radieschen	Asia-Salat
Rettich		**Mangold**	**Zwiebeln**		**Mangold**
	Tatsoi	Asia-Salat	**Möhren**	**Zwiebeln**	Radieschen

*das **kommt** jetzt ins Beet*
*das **ist** schon im Beet*

1

2

3

VOLLFRÜHLING

Wenn alles nach Plan verlaufen ist, kannst du jetzt regelmäßig Asia-Salate und Radieschen ernten. Tatsoi und Pak Choi brauchen wahrscheinlich noch etwas, aber vielleicht kannst du auch davon schon erste Blätter ernten. Bevor du die letzten Lücken im Asia-Hochbeet schließt und die ersten Quadrate zum zweiten Mal bepflanzt, warte bitte die Eisheiligen ab. Sie enden am 15. Mai. Jetzt dürfen die frostempfindlichen Pflanzen ins Beet. Aber zuerst mal musst du einige Quadrate leeren. Die Asia-Salate fangen, je nach Witterung, bald an zu blühen. Reiß sie raus. Die Blüten sind essbar, du musst sie also nicht wegwerfen. Streue sie über deinen Salat oder dünste die Blätter samt Blüten in der Pfanne. Auch die Radieschen müssen jetzt raus. Bei Radieschen gibt es übrigens für verschiedene Jahreszeiten verschiedene Sorten. Wenn sie zu lange stehen, werden sie holzig, also lieber nochmal neu säen. Pak Choi und Tatsoi werden ebenfalls nach und nach abgeerntet. Klassischen und Koreanischen Koriander, Thai-Basilikum, Austernpflanze und Grünkohl kaufst du vorgezogen im Gartencenter. Mache in den dafür vorgesehenen Quadraten ein Loch in Topfgröße, setze die Pflanzen rein und drücke die Erde rundherum leicht an. Auch der Kürbis darf jetzt ins Beet. Kürbis und Grünkohl bekommen eine Handvoll organischen Langzeitdünger mit ins Pflanzloch. Gut unterarbeiten, damit die Pflanze nicht mit den Wurzeln auf dem Dünger sitzt.

4

5

Koriander	**Ingwer**	**Thai-Basilikum**	**Kurkuma**	**Tatsoi**	**Radieschen**
Rettich	**Grünkohl**	Mangold	Zwiebeln	**Austernpflanze**	Mangold
Kürbis	**Radieschen**	**Koreanischer Koriander**	Möhren	Zwiebeln	**Grünkohl**

Dein Beet im **Vollfrühling**

Schnecken sind verrückt nach den Blättern der Austernpflanze. Mit einem Schneckenring rund um die Pflanze hältst du die Schleimer zuverlässig fern.
Säe noch einmal eine Runde Tatsoi (diesmal direkt ins Beet) und Radieschen aus.
Kaufe im Bioladen je eine kleine Knolle Ingwer und Kurkuma. Die legst du einfach in den entsprechenden Quadraten auf die Erde und deckst sie leicht zu. Mach vorher ein Foto von den Knollen, damit du am Ende der Saison bei der Ernte siehst, wie viel sie gewachsen sind. Für meinen Jahresbedarf an Kurkuma und Ingwer reicht es nicht, aber die Pflanzen sehen schön aus und für ein paar Gläser Ingwertee und goldene Milch ist die Ernte auf jeden Fall ausreichend. Wie immer gilt, alles gut angießen.

1. Ingwer wächst gut im Hochbeet, er mag die warme Erde.

2. Die Blätter der Austernpflanze schmecken roh leicht nach Austern.

3. Koreanischer Koriander verleiht asiatischen Gerichten den typischen Geschmack.

4. Pak Choi einfach bodennah abschneiden!

5. Wenn der Rettich sich aus der Erde drückt, ist er erntereif.

FRÜHSOMMER

Dein Hochbeet gibt jetzt so richtig Gas. Der Mangold produziert ein Blatt nach dem anderen in schönsten Regenbogenfarben. Ernte regelmäßig die äußeren Blätter. Wenn er größer wird, erntest du drei Pflanzen komplett und lässt nur zwei stehen. Die werden dann kräftiger und du kannst bis in den Winter davon ernten.
Schneide deine Kräuter regelmäßig zurück, dann bleiben sie schön kompakt. Der klassische Koriander geht jetzt in die Blüte. Lass ihn stehen, er macht Bienen und Schmetterlinge glücklich. Du kannst die Samen, die sich bilden, als Gewürz nutzen und einen Teil davon im nächsten Jahr wieder aussäen.
Schau nach, ob der Rettich dick genug zum Ernten ist. Dazu einfach etwas Erde am Wurzelansatz zur Seite schieben. Das Gleiche kannst du bei den Möhren machen. Ernte davon und auch von den Zwiebeln nach Bedarf.
Von der Austernpflanze kannst du einzelne Blätter ernten, bitte nie mehr als die Hälfte. Sie schmecken roh leicht nach Austern, gekocht verlieren sie ihr Aroma. Ich mache daraus vegetarische Sushi. Probiere das mal aus! Ansonsten, vergiss das Gießen nicht und genieße die warmen Tage.

HOCHSOMMER

Der süße Duft der Sommer-Linde macht die Honigbienen verrückt und zeigt dir den Beginn des Hochsommers an. Dein Kürbis schickt seine Ranken auf die Reise. Leite sie aus dem Beet heraus, damit sie den anderen Pflanzen nicht den Platz wegnehmen. Gönne deinem Gemüse

Roter Grünkohl und Regenbogen-Mangold im Gegenlicht – fast zu schön zum Essen, aber nur fast

frische Nährstoffe, indem du organischen Bio-Dünger unters Gießwasser mischst. Sonst gibt es außer Ernten gerade nichts zu tun. Auch mal schön, oder?

SPÄTSOMMER

In deinem Beet gibt es wieder ein paar leere Quadrate. Möhren, Zwiebeln, Radieschen, Rettich und Tatsoi sind nach und nach auf deinem Teller gelandet. Vom Grünkohl kannst du bereits die unteren Blätter ernten. Er braucht keinen Frost, um essbar zu sein, auch wenn man das immer wieder liest. Bei längerer Standzeit verliert er einfach nur einen Teil seiner Bitterstoffe. Aber die sind gesund und scharf in der Pfanne angebraten passt er gut zu asiatischen Gerichten.
Zurück zu den leeren Quadraten: Mit vorgezogenem Chinakohl, Fenchel und Kohlrabi aus dem Gartencenter sorgst du dafür, dass dein Teller weiter gut gefüllt bleibt.
Je einen vorgezogenen Chinakohl pro Quadrat pflanzen. Von Fenchel und Kohlrabi passen jeweils vier Pflanzen in ein Quadrat. Alle Jungpflanzen bitte gut angießen.
Damit du auch im Winter noch etwas ernten kannst, ziehst du in der zweiten oder dritten Augustwoche Spinat in Töpfen vor. Dafür füllst du sechs Töpfe mit einem Durchmesser von 9 cm mit Erde und legst je drei Spinatsamen in jeden Topf. Gut angießen, an einen sonnigen Platz stellen und nicht austrocknen lassen.
Auf Seite 39 zeige ich dir den Trick mit der Regenrinne. Den wendest du jetzt an, wenn du im Winter auch Asia-Salate ernten willst.

Leite die Kürbisranken aus dem Hochbeet heraus. Sonst nehmen sie den anderen Pflanzen den Platz weg.

Koriander	Ingwer	Thai-Basilikum	Kurkuma	**Kohlrabi**	**Kohlrabi**
Chinakohl	Grünkohl	Mangold	**Fenchel**	Austernpflanze	Mangold
Kürbis	**Chinakohl**	Koreanischer Koriander	**Fenchel**	**Chinakohl**	Grünkohl

Dein Beet im **Spätsommer**

1

2

3

1. Der Koreanische Koriander wächst stark, schneide ihn regelmäßig zurück.

2. Der Kürbis muss vor dem ersten Frost geerntet werden

3. Vom roten Grünkohl nach und nach einzelne Blätter ernten, Frost macht ihn noch aromatischer.

4. Nach der Saison ist vor der Saison. Hier keimen bereits die Möhren für das nächste Frühjahr.

FRÜHHERBST

Am Holunder hängen tiefschwarze Beeren, der Frühherbst ist da. Das Saatgut am klassischen Koriander ist ausgereift. Ernte es und lass es trocknen. Mehr Infos zur Saatgutgewinnung findest du auf Seite 78. Der Koreanische Koriander kann im Beet bleiben. Einen milden Winter wird er überleben, zur Sicherheit schneidest du 10 cm lange Triebe ab, entfernst die unteren Blätter und stellst sie in Wasser. Sie werden schnell Wurzeln bilden. Pflanze sie in einen Topf und überwintere sie im Haus. Nächste Saison kannst du sie bei Bedarf ins Beet pflanzen.

Dem Thai-Basilikum wird's langsam zu kalt. Ernte noch einmal und gib die Pflanze dann auf den Kompost. Es wird Zeit nachzusehen, was das Ingwer- und Kurkuma-Experiment gebracht hat. Grabe die Knollen aus und vergleiche sie mit den Fotos, die du vor dem Einpflanzen gemacht hast. Top oder Flop? Du kannst die Knol-

4

len jetzt entweder verbrauchen oder in einen Topf einpflanzen und drinnen überwintern.
Sobald ein Quadrat abgeerntet ist, pflanzt du den Spinat aus den Töpfen in das Beet. In jedem Quadrat ist Platz für sechs Spinatpflanzen. Wenn die Quadrate für den Asia-Salat leer sind, ziehst du dort zwei regenrinnentiefe Furchen im Abstand von 15 cm und lässt ihn sanft hineingleiten. Erde leicht andrücken und angießen nicht vergessen.

VOLLHERBST

Die Kürbisse sollten jetzt erntereif sein. Du erkennst das daran, dass der Stiel braun wird und verkorkt. Wenn bei dir schon Nachtfröste angesagt sind, ernte lieber vorher und lass sie im Haus nachreifen. Auch den Fenchel solltest du vor dem ersten Frost ernten. Den Chinakohl kannst du nach und nach abernten. Lass dir dabei Zeit, er ist recht frostfest.
Sobald sich Quadrate durch die Fenchelernte leeren, füllst du sie mit dem restlichen in Töpfen vorgezogenen Spinat. Wie gehabt: sechs Pflanzen pro Quadrat. Die Lücken, die Chinakohl und Kürbis hinterlassen, füllst du mit Möhren. Sie werden jetzt noch keimen, als Keimlinge den Winter überdauern und im nächsten Frühling zeitig loslegen. Damit sicherst du dir eine frühestmögliche Möhrenernte. Achte auf die Sorte, nicht jede eignet sich für die Winteraussaat. Mehr Infos dazu auf Seite 83.

SPÄTHERBST

An frostfreien Tagen kannst du weiter Mangold, Grünkohl, Chinakohl, Asia-Salat und Spinat ernten. Mit Pflanzen und Säen ist jetzt erstmal Schluss, bis es im Vorfrühling wieder von vorne anfängt.

Asia-Salat	**Asia-Salat**	**Asia-Salat**	**Spinat**	**Spinat**	**Spinat**
China-kohl	Grünkohl	Mangold	Fenchel	Austern-pflanze	Mangold
Kürbis	China-kohl	Koreani-scher Koriander	Fenchel	China-kohl	Grünkohl

Dein Beet im **Frühherbst**

Asia-Salat	Asia-Salat	Asia-Salat	Spinat	Spinat	Spinat
Möhren	Grünkohl	Mangold	**Spinat**	Austern-pflanze	Mangold
Möhren	**Möhren**	Koreani-scher Koriander	**Spinat**	China-kohl	Grünkohl

Dein Beet im **Vollherbst**

Das Rund-ums-Jahr-Salat-Beet

Salat war bei uns in der Familie lange das Konsens-Gemüse, auf das sich alle einigen konnten. Niemand hat ihn an den Tellerrand geschoben. Grund genug für mich, einen Salat-Anbauplan zu entwickeln, der uns rund ums Jahr mit knackigem Grün versorgt.

SALATVIELFALT

Langweilig wird das Beet übrigens nicht. Mehr als 20 Salatsorten lernst du kennen, wenn du dich für das 2 m lange und 1 m breite Salatbeet entscheidest.

ERSTFRÜHLING

Los geht's, sobald die Forsythie blüht. Salat säst du in Reihen (siehe S. 38). Auf deinem Hochbeet ist Platz für sieben Reihen. In eine Reihe passen jeweils fünf Pflanzen (Ausnahme Pflücksalat und Rucola). Das reicht für eine ganze Woche voller Vitamine. Ziehe 10 cm vom Rand entfernt deine erste flache Saatrille. Salat ist ein Lichtkeimer und wird nur ganz dünn mit Erde bedeckt. Wir fangen an mit einer Reihe Schnittsalat. Versuche die einzelnen Körnchen möglichst dünn in der Rille zu verteilen. Im Abstand von 30 cm ziehst du die nächste Rille,

Langweiliger Salat? Nicht mit mir! Es gibt so tolle Salatsorten. Probiere es aus.

SAATGUT

Erstfrühling
- Schnittsalatmischung
- Radieschen
- Kopfsalat 'Goldforelle', 'Merveille des quatre saisons'
- Eichblattsalat 'Till'
- Römersalat 'Forellenschluss', 'Teufelsohren'
- Bataviasalat 'Marvilla de Verano'

Hochsommer
- Rucola
- Radieschen

Spätsommer
- Winterendivie 'Red Grumolo'
- Radicchio
- Feldsalat

Frühherbst
- Asia-Salat
- Spinat

PFLANZEN

Vollfrühling
- 2 × Snack-Gurke
- 2 × Stab- oder Buschtomate
- 2 × Basilikum
- 1 × Schnittlauch
- 1 × Petersilie

Hochsommer
- 2–3 × Basilikum

diesmal 1 bis 2 cm tief, hier kommen Radieschen rein. Beide Kulturen wachsen sehr schnell und du kannst bald erste Blättchen und knackige Radieschen ernten.

Die nächsten beiden Reihen füllen wir mit dem wunderschönen Kopfsalat 'Goldforelle' und dem Eichblattsalat 'Till'. Der eine butterzart, der andere richtig knackig. Du kannst Salat prinzipiell direkt ins Beet säen: Lege je fünf Saatkörnchen in eine Reihe. Die letzten drei Reihen bleiben erstmal leer, damit du nicht alles gleichzeitig ernten musst.

Pflanzen vorziehen

Ich ziehe Salat allerdings lieber in kleinen Saat-Töpfchen vor, anstatt ihn direkt ins Hochbeet zu säen: Töpfchen mit torffreier Anzuchterde füllen, gut angießen, je ein Saatkorn pro Topf, sechs Töpfe, ganz leicht mit Erde bedecken, andrücken, ganz leicht überbrausen, fertig. Salat braucht zum Keimen 16 bis 18 °C. Stelle ihn auf eine kühle Fensterbank. Achte darauf, dass die Erde nicht austrocknet. Sobald er gekeimt ist, ziehen die Töpfchen um ins kalte Gewächshaus oder in die Frühbeet-Anzuchtstation. Wenn sich nach etwa zwei Wochen die ersten richtigen Blättchen zeigen, pflanzt du ihn ins Beet. Fünf Pflanzen in eine Reihe. Die sechste Pflanze kommt aufs Butterbrot, falls alle Samen aufgegangen sind.

Damit es in der Salatversorgung keine Lücke gibt, füllst du die leeren Töpfchen direkt wieder mit neuen Salatsamen. Für mehr Abwechslung auf dem Teller diesmal 6 × Römersalat 'Forellenschluss' und 6 × Kopfsalat 'Merveille des quatres saisons' in die Töpfchen legen – für die fünfte und sechste Beetreihe.

Die Radieschen machen nach den Eisheiligen Platz für die Gurken, am anderen Beetende werden die Tomaten gepflanzt.

Schnittsalat
Radieschen
Kopfsalat 'Goldforelle'
Eichblattsalat 'Till'

Dein Beet im **Erstfrühling**

VOLLFRÜHLING

Die Apfelbäume blühen, du kannst schon eine Weile Schnittsalat und Radieschen ernten. Die Salatköpfe brauchen auch nicht mehr lange zur Ernte. Ernte zuerst den zweiten und vierten Kopf in einer Reihe, dann haben die anderen drei mehr Platz zum Wachsen. Ernte die ersten Köpfe ruhig, wenn sie noch klein sind, der Nachschub wartet ja schon darauf, ins Beet umzuziehen. Jedes Mal, wenn du deine vorgezogenen Jungpflanzen ins Beet pflanzt, füllst du die Töpfe direkt wieder mit neuen Samen. Da die Temperaturen bald steigen, nimmst du in den nächsten Wochen Sorten, die für den Sommeranbau geeignet sind. Ich empfehle dir den Bataviasalat 'Maravilla de Verano' und den Römersalat 'Teufelsohren'. Die bringen Farbe und Knack auf den Salat-Teller. Stelle deine Aussaat-Töpfe bis zur Keimung an einen eher kühlen Ort und lass sie nicht austrocknen. Je nachdem, wie schnell die Reihen leer werden, kommen die beiden neuen Sommersorten vielleicht auch erst im Frühsommer ins Beet.
Mitte Mai, nach den Eisheiligen, ziehen am Platz der geernteten Radieschen zwei gekaufte Gurkenpflanzen ins Beet ein. Nimm Snack-Gurken. Sie bekommen kleine Früchte, die man früh und regelmäßig ernten kann. Du kannst den Pflanzen ein Rankgitter zum Hochranken geben oder sie über den Beetrand nach unten

wachsen lassen. Ich verwende ein niedriges Gitter und lasse sie dann nach unten ranken. Ein hohes Gitter würde mein Beet verschatten, da die Sonne bei mir von der Seite kommt.
Ans andere Beetende ziehen zur gleichen Zeit zwei Tomaten ein. Auch die kaufst du als fertige Pflanzen. Entscheide dich entweder für kleine Buschtomaten oder für gegen die Braunfäule resistente Sorten wie 'Allgäuer Schönheit'. Sie braucht auf jeden Fall einen Stützstab.
Für Tomaten und Gurken gilt: Du kannst sie tiefer pflanzen, als sie vorher standen. Sie bilden Wurzeln am Stängel und werden dadurch kräftiger (siehe Seite 40). Gib in die Pflanzlöcher eine Portion organischen Tomatendünger. Der schmeckt beiden und sorgt für gutes Wachstum und aromatische Früchte. Zwischen die beiden Gurken kommt gekauftes Basilikum. Zu den zwei Tomaten kannst du Schnittlauch und Petersilie pflanzen.

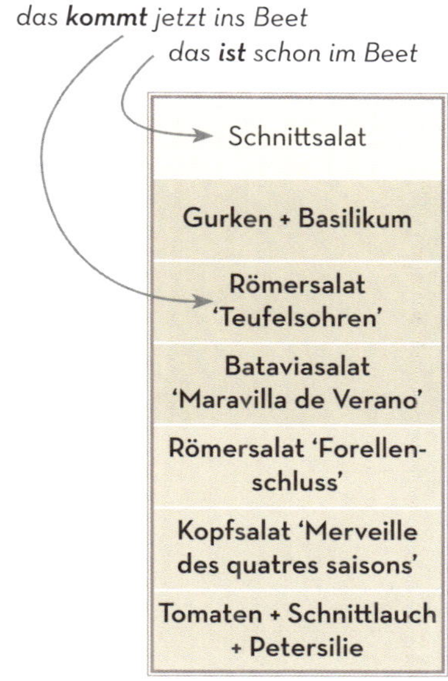

Dein Beet im **Vollfrühling**

Schnittsalat eine Handbreit über der Erde abschneiden, das Herz muss stehen bleiben.

1

2

1. Letzte Schnittsalat-Ernte. Das Basilikum wartet schon auf den Platz.

2. Rucola keimt, anders als Salat, auch bei höheren Temperaturen gut.

3. Saaten unbedingt gut angießen und feucht halten.

4. Das Brett hilft gegen scharrende Vögel. Es muss aber weg, sobald die Pflanzen keimen.

FRÜHSOMMER

Der Holunder blüht, der Frühsommer ist da, dein Salatbeet versorgt dich mit frischen Vitaminen. Falls du dich für Stabtomaten entschieden hast, musst du regelmäßig die Seitentriebe ausgeizen (siehe S. 101) und den Haupttrieb am Stab festbinden. Lass deine Basilikumpflanzen nicht blühen. Kappe die Triebe regelmäßig oberhalb eines Blattpaares. So verzweigt sich die Pflanze gut und du kannst den ganzen Sommer hindurch Triebspitzen ernten. Die Blätter kannst du hacken, mit Olivenöl mischen und in einer Eiswürfelform einfrieren. So konservierst du das Aroma am besten.

Bevor du eine abgeerntete Salat-Reihe neu bepflanzt, entferne bitte die Wurzeln der alten Pflanzen aus der Erde und lockere die Erde etwas auf. Düngen musst du das Beet nicht. Salat ist ein Schwachzehrer und im Hochbeet sind mehr als genug Nährstoffe für ihn enthalten.

HOCHSOMMER

Die Linde erfüllt die Luft mit ihrem süßen Duft, der Hochsommer ist da. Salat tut sich jetzt etwas schwer mit dem Keimen. Es ist ihm einfach zu warm. Lücken im Salatbeet füllst du deshalb jetzt besser mit Rucola und Radieschen. Dafür einfach eine 1 cm tiefe Saatrille ziehen und die Samen

3

4

möglichst dünn einstreuen. Rille schließen und gut angießen. Ich bedecke meine Saatrillen im Sommer gerne mit einem Pappstreifen. Darunter bleibt die Erde schön feucht und die Vögel können die Saatkörnchen nicht rausscharren. Sobald die Samen keimen, muss die Pappe aber runter. Dein Schnittsalat macht jetzt wahrscheinlich auch schlapp bzw. er schießt in die Höhe. Entferne die Pflanzen mit den Wurzeln und ersetze sie durch ein paar gekaufte Basilikumpflanzen. Basilikum kann man nie genug haben, außerdem schützt er deine Gurken vor Mehltau.
Die Gurken und Tomaten geben jetzt so richtig Gas. Ernte deine Gurken lieber klein und früh. Wenn sie zu lange hängen bleiben, stellt die Pflanze die Produktion von neuen Früchten ein. Kleine Gurken sind außerdem aromatischer. Stabtomaten weiter ausgeizen und die unteren Blätter bis zum ersten Fruchtansatz entfernen, damit Luft an die Pflanzen kommt. Damit beugst du auf einfache Weise einem Braunfäulebefall vor.
Außerdem kannst du deine Stabtomaten jetzt oberhalb des letzten Fruchtansatzes kappen. Die Fruchtansätze, die jetzt noch entstehen, reifen nicht mehr aus. Durch das Kappen geht die ganze Kraft in die bereits angelegten Früchte, sie werden aromatischer und größer.

Basilikum
Gurken + Basilikum Römersalat 'Teufelsohren' Bataviasalat 'Maravilla de Verano'
Rucola
Radieschen
Tomaten + Schnittlauch + Petersilie

Dein Beet im **Hochsommer**

1

SPÄTSOMMER

Sobald sich die Früchte der Eberesche rot färben, ist der Spätsommer gekommen. In den Morgen- und Abendstunden kann man den kommenden Herbst manchmal schon riechen, die Tage werden kürzer, aber noch sind sie mild und warm.

In die Lücken in deinem Salatbeet säst du jetzt Winterendivie und Radicchio. Von der Winterendivie passen fünf Köpfe in eine Reihe. Radicchio säst du etwas enger, alle 15 bis 20 cm ein Samenkorn. Gut angießen und bis zur Keimung nicht austrocknen lassen. Wenn es bei dir viele scharrende Vögel gibt, schütze die Saat bis zur Keimung mit einem schmalen Brett oder einem Pappstreifen.

Jetzt ist auch die Zeit für die Aussaat von Feldsalat gekommen. Ich säe ihn in meine 52er-Topfpaletten, jeweils ein paar Körnchen in ein Töpfchen. Du kannst ihn auch direkt ins Beet säen, aber das ist gerade noch von den Tomaten und Gurken besetzt. In der Topfpalette kann er sich in aller Ruhe zu kräftigen Pflänzchen entwickeln und wenn der Platz frei ist, ins Beet umziehen.

FRÜHHERBST

Schwarze Beeren am Holunder zeigen den Frühherbst an. Nachts wird es jetzt schon richtig frisch. Basilikum macht bei Temperaturen unter 5 °C schlapp. Ernte die Pflanze noch einmal ab und nimm sie dann aus dem Beet. Der große Unterschied zwischen Tag- und Nachttemperaturen führt dazu, dass an deinen Tomaten die Früchte aufplatzen. Ernte deine Tomaten ab, lass grüne Früchte im Haus nachreifen oder hänge die ganze

Basilikum
Gurken + Basilikum
Römersalat 'Teufelsohren'
Radicchio
Römersalat 'Forellenschluss'
Winterendivie
Tomaten + Schnittlauch + Petersilie

Dein Beet im **Spätsommer**

Pflanze zum Nachreifen auf (siehe S. 78). Deine Gurken produzieren jetzt auch keine Früchte mehr. Nimm die Pflanzen aus dem Beet und schaffe Platz für deinen vorgezogenen Feldsalat. Für mehr Abwechslung im Winter säe noch eine Reihe Spinat aus. Ziehe dafür eine ca. 1 cm tiefe Saatrille und lege alle 10 cm ein Samenkorn hinein. Saatrille verschließen, leicht andrücken und gut angießen. Spinatblätter kannst du jung als Salat essen. Und für mehr Würze im Salat kommt noch eine Reihe Asia-Salat dazu. Wie Spinat aussäen, Abstand der Samenkörner 5 cm.

Feldsalat
Feldsalat
Feldsalat
Radicchio
Spinat
Winterendivie
Asia-Salat + Schnittlauch + Petersilie

Dein Beet im **Frühherbst**

2

VOLLHERBST

Der Vollherbst kündigt sich mit fallenden Eicheln im Wald an. Wenn du einen Frühbeetaufsatz hast, bring ihn jetzt an deinem Hochbeet an. Feldsalat, Radicchio und Spinat brauchen zwar im Prinzip keinen Winterschutz, wachsen aber in einem Frühbeet trotzdem besser. Öffne das Frühbeet tagsüber und verschließe es in der Nacht. Denke daran, das Beet ab und an zu gießen.

3

4

1. Tomaten bringen Abwechslung in den Salat.

2. Gurken brauchen ein stabiles Rankgerüst.

3. So sieht junger Radicchio aus, er wird erst im Spätherbst geerntet.

4. Der knackige Römersalat 'Teufelsohren' schmeckt auch gedünstet sehr lecker.

PRAKTISCHES DIBBELBRETT

Mit dem selbst gebauten Dibbelbrett geht die Aussaat von Radieschen und Möhren ruckzuck von der Hand.

Quadrate für mehr Vielfalt

Das Veggie-Buffet-Beet

Mit einem Hochbeet zwei Personen über Sommer mit Gemüse versorgen, geht das? Mit dem Veggie-Buffet kommst du zumindest nahe dran. Unser Beet ist 3 m lang und 1 m breit. Wenn du ein 2 m langes Beet hast, lass einfach von den doppelt bepflanzten Feldern jeweils eins weg.

Das Beet wird in **Quadraten** bepflanzt – so bekommst du mehr Sorten unter.

ERSTFRÜHLING

Die Arbeit an deinem Veggie-Buffet-Hochbeet beginnt im Erstfrühling, sobald die Forsythie blüht. Schnittsalat, Radieschen, Möhren, Zuckererbsen und Mairübchen säst du direkt in die dafür vorgesehenen Quadrate.
Ziehe für den Schnittsalat zwei flache Rillen im Abstand von 15 cm, säe möglichst dünn und verschließe die Rillen nur leicht. Salat ist ein Lichtkeimer.
Radieschen und Möhren kannst du mit dem Dibbelbrett (siehe S. 124) säen, dann musst du später nicht vereinzeln, oder du gehst vor wie beim Salat, säst aber tiefer. Bevor du die Zuckererbsen legst, bringst du die

Schnittsalat	Radieschen	Zuckererbsen	Zuckererbsen	Mairübe	Mairübe	Salat	Salat	Kohlrabi
Schnittsalat	Mangold	Möhren	Möhren	Fenchel	Fenchel	Salat	Salat	Kohlrabi
Schnittsalat	Radieschen	Zwiebeln	Zwiebeln	Bunte Bete	Bunte Bete	Salat	Salat	Kohlrabi

Dein Beet im **Erstfrühling**

Die Zwiebeln haben es voll eilig, die Möhren lassen es dagegen eher langsam angehen.

SAATGUT

Erstfrühling
- Schnittsalat
- Salat (z. B. Eichblattsalat 'Flashy Butter Oak', Römersalat 'Teufelsohren')
- Radieschen
- Möhren
- Zuckererbsen
- Mairübchen
- Mangold
- Bunte Bete
- Steckzwiebeln

Vollfrühling
- Buschbohnen

Frühsommer
- Rucola

Spätsommer
- Feldsalat
- Radicchio

PFLANZEN

Erstfrühling
- 8 × Fenchel
- 12 × Kohlrabi

Vollfrühling
- 1 × Kürbis 'Golden Nugget'
- 1 × Zucchini
- 2 × Tomate (z. B. 'Allgäuer Schönheit', 'Vagina')
- 2 × Gurke
- 1 × Paprika

Frühsommer
- 4 × Basilikum

Rankhilfe an. Davor kommt dann eine Reihe Zuckererbsen, alle 5 cm ein Korn. Schütze die Erbsen bis zur Keimung mit Reisig oder Pappe vor scharrenden Vögeln. Die stehen wirklich sehr auf die Samen. Von den Mairübchen passen 16 Stück in ein Quadrat. Jetzt bitte noch alles gut angießen.
Von den Zwiebeln passen 16 Stück in ein Quadrat, sie werden einfach in die Erde gesteckt und sollen mit der Spitze herausschauen. Auch sie werden angegossen. Falls dir die Vögel welche rauspicken, stecke sie einfach wieder rein. Irgendwann verlieren sie die Lust daran und die Zwiebeln wachsen an.

Pflanzen vorziehen

Die anderen Salate, Mangold und Bunte Bete ziehst du erst in Aussaattöpfchen vor. Du brauchst fürs Hochbeet acht 'Flashy Butter Oak' und acht 'Teufelsohren', fünf Mangold- und 18 Bunte Bete-Pflanzen. Sie kommen ins Beet, sobald sie erste richtige Blätter ausgebildet haben – vielleicht ist das auch erst im Voll-

frühling der Fall. Du kannst das alles auch direkt säen, aber in Töpfchen keimt es zuverlässiger. Ich säe auch immer ein bisschen mehr aus, als ich brauche, falls mal ein Samen nicht aufgeht. Eine hundertprozentige Keimgarantie hast du nie.
Wenn du Kürbis, Zucchini, Tomaten und Gurken selbst vorziehen willst, muss du jetzt damit beginnen. Ab Seite 34 findest du Informationen zum Vorziehen von Gemüse. Ich würde dir aber auch da den Kauf von Jungpflanzen empfehlen. Du brauchst nur wenige Pflanzen, da ist Kaufen nicht teurer als Selbstziehen. Warte damit aber bis zum Mai.

Jungpflanzen setzen

Fenchel und Kohlrabi kaufe ich als Jungpflanzen. Bei uns gibt es einen Bio-Gärtner, der sie in Erdwürfeln anbietet. Er kann das mit der Vorzucht um diese Jahreszeit einfach besser als ich und Abfall entsteht so auch nicht. In einem Quadrat ist jeweils Platz für vier Fenchel- oder Kohlrabi-Pflänzchen.

Der Reihe nach

Wenn du Salat und Kohlrabi erntest, fange hinten an. Diese Quadrate brauchst du Anfang Mai für die Bohnen, die mittleren Quadrate dann nach den Eisheiligen für Paprika und Tomaten.

1

2

3

VOLLFRÜHLING

Jetzt fühlt es sich so richtig nach Frühling an und du konntest schon einiges ernten: Radieschen, Mairübchen und Kohlrabi schmecken jung geerntet am besten. Nach dem Schnittsalat ist auch der Kopfsalat erntereif. Auch den kannst du schon ernten, wenn die Köpfe noch klein sind.
Die Bohnen kannst du bereits Anfang Mai legen. Neun Stück passen in ein Quadrat. lege sie 1 bis 2 cm tief und schütze die Aussaat bis zur Keimung vor den Vögeln. Übrigens: Ein Pizzakarton hat genau die richtige Größe für ein Quadrat. Schau aber jeden Tag darunter nach. Bohnen keimen schnell und sobald die Keimlinge rausschauen, muss die Pappe weg.
Besorge dir im Gartencenter oder bei einer Bio-Gärtnerei Jungpflanzen. Du brauchst einen Kürbis, eine Zucchini, zwei Tomaten, frage hier nach braunfäuleresistenten Sorten, zwei Gurken und eine Paprika. Ins Beet dürfen sie aber erst nach den Eisheiligen, Mitte Mai. Also lieber nicht zu früh kaufen.
Bevor du pflanzen kannst, musst du natürlich Schnittsalat, Mairübchen, Kopfsalat und Kohlrabi in den entsprechenden Quadraten geerntet haben. Nimm auch die Wurzeln raus und lockere die Erde etwas auf.
Als Fruchtgemüse gehören Kürbis, Zucchini, Gurken, Tomaten und Paprika zu den Starkzehrern. Gib ihnen daher eine Handvoll organischen Bio-Langzeitdünger mit ins Pflanzloch. Gut unterarbeiten, damit die Wurzeln nicht auf dem Dünger sitzen. Tomaten, Gurken und Paprika kannst du tiefer setzen, als sie im Topf standen. Sie bilden

1. Bohnensaat im Vollfrühling mit Karton abdecken.

2. Im Frühsommer leistet Basilikum den Tomaten Gesellschaft

3. Gelbe Zucchini bringen Farbe auf den Teller.

*das **kommt** jetzt ins Beet*
*das **ist** schon im Beet*

Kürbis		Zucker-erbsen	Zucker-erbsen	**Gurke**	**Gurke**	**Bohnen**	**Bohnen**	**Bohnen**
Schnitt-salat	Mangold	Möhren	Möhren	Fenchel	Fenchel	**Tomate**	**Tomate**	**Paprika**
Zucchini		Zwiebeln	Zwiebeln	Bunte Bete	Bunte Bete	Salat	Salat	Kohlrabi

Dein Beet im **Vollfrühling**

Kürbis		Zucker-erbsen	Zucker-erbsen	Gurke + **Basilikum**	Gurke + **Basilikum**	Bohnen	Bohnen	Bohnen
	Mangold	Möhren	Möhren	**Schnitt-salat**	**Schnitt-salat**	Tomate	Tomate	Paprika
Zucchini		Zwiebeln	Zwiebeln	Bunte Bete	Bunte Bete	**Basilikum**	**Basilikum**	**Rucola**

Dein Beet im **Frühsommer**

dann weitere Wurzeln und werden kräftiger (siehe auch S. 40). Tomaten und Paprika bekommen außerdem einen Stützstab. Sobald die Früchte dranhängen, können sie den gut gebrauchen. Der von der Tomate sollte 1,80 m lang sein, bei der Paprika reicht 1 m.

FRÜHSOMMER

Du kannst jetzt fast täglich etwas ernten. Bei den Zuckererbsen solltest du das auch unbedingt machen, denn je regelmäßiger du Schoten pflückst, desto mehr junge kommen nach. Sobald erste Schoten ausreifen, stellt die Pflanze die Produktion von neuen ein.
Damit dein Erntekorb weiterhin voll bleibt, füllst du leere Quadrate sofort wieder mit neuem Gemüse auf. Schnittsalat und Rucola werden direkt gesät, wie du dabei vorgehst, weißt du ja schon.
Du kannst auch deinen Fenchel wieder wachsen lassen. Schneide ihn bei der Ernte nicht zu tief ab, dann bildet sich eine neue kleine Knolle. Probiere es doch mal in einem Quadrat aus. Mit Kopfsalat funktioniert das übrigens auch.
Wenn die letzten Kopfsalate geerntet sind, nehmen gekaufte Basilikumpflanzen ihren Platz ein. Auch die Gurken bekommen jeweils eine Basilikumpflanze zur Gesellschaft. Basilikum hält Mehltau von Gurken fern und außerdem kann man nie genug Basilikum haben.
Denke daran, die Tomaten regelmäßig auszugeizen, damit sie ihre Kraft in die Früchte und nicht in unzählige Seitentriebe stecken (siehe S. 102).

Im Spätsommer werden die Tomaten gekappt.

HOCHSOMMER

Boah, ist das heiß, aber was riecht denn da so gut? Das sind die Blüten der Sommer-Linde, sie zeigen den Hochsommer an. Auch dem ein oder anderen Gemüse wird es jetzt zu warm. Den Zuckererbsen zum Beispiel. Die haben fertig und du kannst sie aus dem Beet nehmen. Schneide sie erdnah ab und lass die Wurzeln drin. Dort haben Knöllchenbakterien Stickstoff gesammelt, den kann der Radicchio nutzen, der jetzt ihren Platz einnimmt. Er wird direkt gesät: Vier Köpfe passen in ein Quadrat. Lege besser jeweils zwei Samen dicht nebeneinander. Falls beide aufgehen, reißt du einen wieder raus.
Ansonsten heißt es für dich ernten, gießen und genießen. Zucchini, Gurken, Bohnen, jeden Tag landet ein anderes Gemüse in deinem Erntekorb. Auch an Mangold, Zwiebeln und Möhren kannst du dich nach Bedarf bedienen. Schiebe bei den Möhren die Erde etwas beiseite, dann siehst du, ob sie schon dick genug sind. Ernte immer jede zweite, dann haben die anderen mehr Platz zum Wachsen.

SPÄTSOMMER

Wenn sich die Früchte der Eberesche rot färben, neigt sich der Sommer dem Ende zu. Aber vorher gibt er nochmal alles.
Deine Tomatenpflanzen solltest du jetzt oberhalb der letzten Fruchttraube kappen. Neue Früchte bilden sich um diese Jahreszeit keine mehr bzw. sie reifen nicht mehr aus. Deshalb soll die Pflanze lieber ihre Kraft in die bereits vorhandenen Früchte stecken. Falls deine Gurken keine Blüten mehr bilden, nimm sie raus aus dem Hochbeet. Schneide sie einfach erdnah ab, die Wurzeln kannst du aber erst rausnehmen, wenn du das Basilikum rausnimmst. Seine Zeit ist auch bald gekommen.
In leere Felder säst du jetzt Feldsalat, der kommt mit den kühleren Temperatren gut zurecht: 16 Pflanzen passen in ein Quadrat. Zusätzlich ziehst du Feldsalat in Anzuchttöpfchen vor, ich nehme dafür am liebsten meine 52er-Topfpaletten. In jedes Töpfchen lege ich drei bis vier Saatkörner. Sobald der Feldsalat zu kleinen Tuffs herangewachsen ist, zieht er ins Beet um.

Kürbis		Radicchio	Radicchio	Basilikum	Basilikum	Bohnen	Bohnen	Bohnen
	Mangold	**Feldsalat**	**Feldsalat**	Schnittsalat	Schnittsalat	Tomate	Tomate	Paprika
Zucchini		**Feldsalat**	**Feldsalat**	Bunte Bete	Bunte Bete	Basilikum	Basilikum	Rucola

Dein Beet im **Spätsommer**

ZUCKERSCHOTEN
Regelmäßig durchernten

'GOLDEN NUGGET'
Hat seinen Namen voll verdient

REGENBOGEN-MANGOLD
Fast zu schön zum Aufessen

Madame Lulu inspiziert das Veggie-Buffet-Beet. Sie selbst zieht allerdings ganz klar Mäuse dem im Hochbeet wachsenden Gemüse vor.

FRÜHHERBST

Die Holunderbeeren glänzen tiefschwarz, der Frühherbst ist da. Morgens und abends kann es jetzt schon empfindlich kalt werden. Im August sind die Tage noch schön warm, aber Ende September fallen auch die Tagestemperaturen oft ab. Basilikum macht bei Temperaturen unter 5 °C schlapp. Ernte es noch einmal ab und nimm es dann aus dem Beet. Bei der Zucchini bilden sich jetzt keine neuen Früchte mehr. Ernte die vorhandenen nach und nach und nimm die Pflanze dann aus dem Beet. Bei den Tomaten ist es ebenso. Du kannst die ganze Pflanze rausnehmen und kopfüber an einen trockenen Ort aufhängen. Dann werden die grünen Tomaten nach und nach rot. Du kannst sie aber auch abpflücken und nebeneinander an einem trockenen Ort nachreifen lassen. Ernte die letzten Paprika. Sie schmecken auch grün.
Wenn alle Bohnen abgeerntet sind, nimmst du die Pflanzen aus dem Beet. Der Kürbis darf noch an der Pflanze bleiben. Ernte ihn, wenn der Stiel braun und verkorkt ist, dann lässt er sich am längsten lagern. Wenn du ihn direkt zubereiten willst, kannst du natürlich auch vorher ernten.
Alle leer gewordenen Felder füllst du mit deinem vorgezogenen Feldsalat.

VOLL- UND SPÄTHERBST

Wenn im Wald die Eicheln auf dem Boden liegen, ist der Spätherbst da. Er bringt den ersten Frost mit. Ernte deinen Kürbis unbedingt vorher. Dem Mangold und den Beten machen ein paar Grad Minus nichts aus. Ernte sie einfach nach Bedarf, aber nur an frostfreien Tagen.
Der Radicchio ist nicht ganz so frostfest. Ernte ihn vor dem ersten Frost. Er lässt sich gut im Gemüsefach lagern. Ich liebe ihn, in Streifen geschnitten, angebraten mit Knoblauch und Olivenöl zu frischer Pasta.
Dein Veggie-Buffet-Beet ist jetzt mehr oder weniger zum Feldsalat-Beet geworden. An frostfreien Tagen kannst du ihn den ganzen Winter durch ernten.

MEIN ERNTEKORB IM SPÄTHERBST
Er enthält unter anderem Radicchio, Kohlrabi, Mangold, Rote Bete und Fenchel.

Das Satt-und-glücklich-Beet

Kartoffeln sind dein Lieblingsgemüse? Dann ist das dein Beet. Nur Kartoffeln wäre natürlich langweilig. Zusammen mit Bohnen wird aus Kartoffeln ein vollständiges Gericht.

KEINE ANGST!

Im Laufe des Jahres wachsen auch noch ein paar andere Gemüse in dem 2 m langen und 1 m breiten Beet.

ERSTFRÜHLING

Sobald die Forsythien blühen, beginnst du mit den Vorbereitungen für das Beet und ziehst deine Kartoffeln vor. Dafür legst du sie einfach in einen Eierkarton und stellst ihn an einen hellen frostfreien Ort. Nach etwa zwei bis drei Wochen zeigen sich kurze kräftige Keime. Jetzt sind die Kartoffeln bereit für den Umzug ins Beet. Zuerst pflanzt du die Pfefferminze, sie soll das Aroma der Kartoffeln verbessern. Außerdem verkürzt sie dir die Wartezeit auf die Ernte. Du kannst nämlich von Anfang an immer wieder ein paar Triebe abzwicken für einen frischen Pfefferminztee oder einen Mojito. Pfefferminze hat allerdings den Hang zur Eskalation, den musst du eindämmen. Du brauchst dafür einen großen Plastiktopf (ø ca. 15 cm), ein billiger Eimer geht auch. Schneide den Boden mit einem Cuttermesser heraus, versenke den Topf im Beet und pflanze die Pfefferminze hinein. Für die Kartoffeln ziehst du eine 15 bis 20 cm tiefe Pflanzrille zwischen den Pfefferminzpflanzen. Lege alle 15 bis 20 cm eine Knolle hinein, bestäube sie mit etwas Urgesteinsmehl, das schützt vor Pilzkrankheiten, und verschließe die Rille wieder.
Das Bohnenkraut kannst du auch schon pflanzen, es kommt ganz normal in die Erde. Mit den Bohnen musst du aber noch warten.

VOLLFRÜHLING

Mit der Apfelblüte beginnt der Vollfrühling. Der Boden ist jetzt warm genug, die Bohnen dürfen in die Erde. Ziehe eine 1 bis 2 cm tiefe Rille und lege alle 5 cm einen Bohnenkern hinein. Rille verschließen und gut angießen. Bohnen sind bei Vögeln sehr be-

SAATGUT
- Buschbohnen 'Paasdorfer Frühe'
- Chinakohl 'Granaat'
- Endivie 'Red Grumelo'
- Feldsalat
- Spinat

PFLANZEN
- 2 × Pfefferminze
- 2 × Bohnenkraut
- 10 × Pflanzkartoffel, Frühkartoffel
- 4 × Fenchel

Außerdem
- Urgesteinsmehl

1

2

3

1. Minze in einen aufgeschnittenen Topf pflanzen.
2. Pflanzabstand bei Kartoffeln beachten.
3. Urgesteinsmehl beugt Pilzkrankheiten vor.

gehrt, deshalb solltest du die Aussaat unbedingt abdecken. Du kannst dafür Reisig verwenden. Wenn du es in die Erde steckst, finden die Bohnen daran später etwas Halt. Ich nehme gerne ein schmales Brett oder einen Pappstreifen. Das hat den Vorteil, dass die

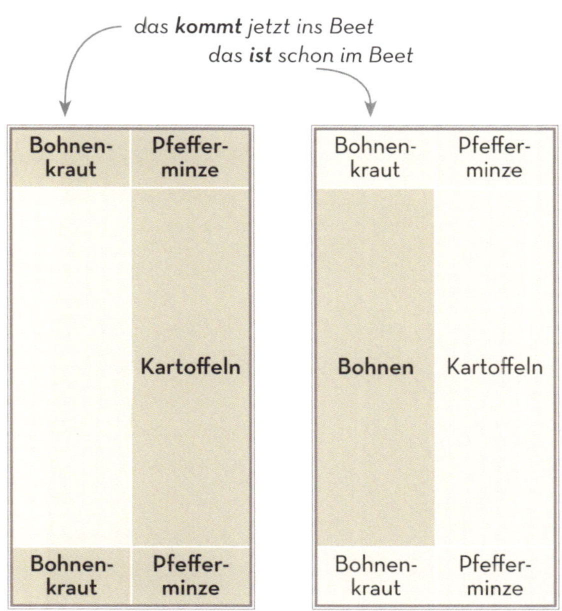

Dein Beet im **Erstfrühling**

Dein Beet im **Vollfrühling**

1

1. Die Pfefferminze rechts vorne soll das Aroma von Kartoffeln verbessern.

2. Bohnen regelmäßig durchpflücken, damit sich neue Hülsen bilden.

2

Bohnenkraut	Spinat	Pfefferminze
Chinakoh		
Fenchel		
Endivie		
Feldsalat		
Feldsalat		
Spinat		
Bohnenkraut	Spinat	Pfefferminze

Dein Beet im **Spätsommer**

Erde darunter nicht so schnell austrocknet. Du musst allerdings jeden Tag nachsehen, ob die Keimlinge schon zu sehen sind. Dann muss das Brett sofort weg, die Keimlinge brauchen Licht.

FRÜHSOMMER

Der Holunder blüht, der Frühsommer ist da. In deinem Beet sollten sowohl erste Kartoffelblätter als auch die Bohnentriebe zu sehen sein. Häufele beides mit ca. 10 cm torffreier Blumenerde an. Die Kartoffeln bilden dann mehr Früchte und die Bohnen bekommen mehr Halt. Außer gießen und Mojito trinken musst du sonst nichts tun.

HOCHSOMMER

Die Lindenblüten erfüllen die Luft mit ihrem süßen Duft und kündigen den Hochsommer an. Du kannst erste Bohnen ernten, ihre Begleitung, die Kartoffeln, brauchen aber wahrscheinlich noch ein bisschen. 90 Tage müssen Frühkartoffeln in der Erde liegen, bevor du sie ernten kannst. Länger geht immer. Wenn du es nicht mehr aushältst, grabe vorsichtig eine Pflanze aus. Für eine erste kleine Mahlzeit wird es reichen.

SPÄTSOMMER

Zeigerpflanze für den Spätsommer sind die roten Früchte der Eberesche. Nachdem du alle Kartoffeln geerntet

hast, nimmst du auch die Bohnen raus. Schneide das Bohnenkraut kräftig zurück und trockene es. Fein gerebelt ist es ein kräftiges Gewürz für Suppen und Eintöpfe. Auch die Pfefferminze bekommt jetzt einen Rückschnitt verpasst. Die Blätter kannst du abzupfen und für Tee trocknen. Bis die Stiele trocken sind, dauert es zu lange und die Blätter verlieren dann so viel Farbe und Aroma.
Jetzt säst und pflanzt du neu. Die Kartoffeln haben ordentlich Nährstoffe aus dem Beet gezogen. Mit einer Handvoll Biodünger, breitwürfig aufgebracht und leicht eingerecht, sorgst du für gute Startbedingungen für die Folgekulturen.

1

2

3

1. Kartoffeln am besten mit einer Grabegabel ernten. Die gibt es auch mit kurzem Stiel für höhere Beete.

2. Bester Moment, wenn aus einer Kartoffel, zwei, drei, viele geworden sind.

3. Die Kartoffeln ein paar Tage an einem trockenen luftigen Ort abtrocknen lassen, dann kühl und dunkel lagern.

Partner in Beet und Küche

1

2

1. Bohnenkraut kräftig zurückschneiden. Triebe trocknen.

2. Fenchel am besten als Jungpflanze kaufen, dann kann er mit dem direkt gesäten, schnell wachsenden Chinakohl mithalten.

Teile das Beet jetzt in Querreihen, Beginne mit einer Reihe 30 cm von der Pfefferminze entfernt. Chinakohl und Endivie säst du direkt ins Beet. In einer Reihe ist Platz für fünf Chinakohl- oder fünf Endivienpflanzen. Fenchel kaufst du am besten als Jungpflanze. Du kannst fünf Pflanzen in einer Reihe im Beet unterbringen. Der Reihenabstand zwischen Chinakohl, Fenchel und Endivie beträgt jeweils 30 cm. Jede zweite Pflanze (auch bei Chinakohl und Endivie) wird jung geerntet, dann haben die anderen mehr Raum zum Wachsen.

Jetzt kommt Feldsalat mit einem Abstand von 30 cm zur Endivie ins Beet. Ziehe dafür zwei Rillen im Abstand von 10 cm, ca. 1 cm tief, alle 5 cm kommt ein Samenkorn rein. Der letzte Platz im Beet gehört dem Spinat. Ziehe eine Rille, ca. 1 cm tief, alle 10 cm ein Samenkorn. Du kannst ihn auch zusätzlich zwischen Pfefferminze und Bohnenkraut säen.

FRÜHHERBST

Hängen schwarze Beeren am Holunder, hält der Frühherbst Einzug. Die Tage werden rasch kürzer, die Nächte

deutlich kälter. Denk daran, dein Beet regelmäßig zu gießen, wenn kein Regen fällt. Chinakohl, Fenchel und Endivie wollen gut mit Wasser versorgt werden, wenn du kräftige Pflanzen ernten willst.

VOLL- UND SPÄTHERBST

Hast du bei deinem letzten Waldspaziergang Eicheln auf dem Boden liegen sehen? Sie kündigen den Spätherbst an. Die warmen milden Tage sind endgültig vorbei, die Erntesaison aber noch lange nicht. In deinem Beet kannst du jetzt noch Fenchel, Chinakohl und Endivien ernten. Ernte zuerst immer nur jede zweite Pflanze, dann haben die anderen mehr Raum zum Wachsen.

Während Endivie und Chinakohl Frost vertragen, solltest du den Fenchel ernten, wenn Frost ankündigt ist. Du kannst ihn recht lange im Kühlschrank lagern.

Feldsalat und Spinat kannst du auch den ganzen Winter hindurch ernten, aber bitte nur an frostfreien Tagen. Wenn du gefrorenes Gemüse erntest, hast du später in der Küche, wenn es auftaut, nur Gemüsematsch.

Das Flower-Power-Beet

Du willst ein Hochbeet, hast aber mehr Lust auf üppige Blumensträuße als auf Gemüse? Auch Blumen kann man ernten. Ein 2 m langes und 1 m breites Hochbeet wird dir viele bunte Blumensträuße schenken. Alle Blumen in diesem Beet kannst du außerdem essen.

1

SCHNITTBLUMEN SELBST ANBAUEN

Mit diesem Hochbeet bleibt deine Vase von Juni bis Oktober nie leer.

ERSTFRÜHLING

Sobald die Forsythien blühen, beginnst du mit der Aussaat für dein Schnittblumenbeet. Theoretisch könntest du die Blumen direkt ins Beet säen, ich ziehe sie aber lieber vor, das ist sicherer. Du kannst das draußen machen, wenn du ein einigermaßen frostfreies Gewächshaus hast, oder drinnen auf einer sehr hellen Fensterbank.
Verwende für die Aussaat am besten kleine Gewächshäuschen, für jede Blumensorte ein eigenes. Da sie unterschiedlich schnell keimen und wach-

SAATGUT
- Zinnie 'Pink Senorita'
- Kosmee 'Blush'
- Sommeraster 'Salmon Janina'
- Amarant 'Roter Meier' oder 'Hot Biscuits'
- Kapuzinerkresse 'Salmon Gleam'
- Sommermargerite 'Eastern Star'

PFLANZEN
- 2 × Dahlie: 'Brown Sugar' und 'Belle of Barmera'
- 2 × Agastache: 'Apricot Sprite', 'Blue Fortune' oder 'Black Adder'

1. Blüten für Teller, Vase und die Bienen

2. Mein Blumen-Kindergarten wird bald für Farbe im Beet sorgen.

sen, kannst du so die besten Bedingungen für jede Sorte schaffen. Fülle die kleinen Topfmulden mit torffreier Anzuchterde. Normale Blumenerde hat zu viele Nährstoffe. Ich verwende gerne Vermiculite, um die Samen zu bedecken. Das ist ein mineralisches Gestein, du bekommst es im Baumarkt. Es hält die Feuchtigkeit länger in der Erde. Es geht aber auch ohne. Drücke kleine Löcher in die Erde und versenke in jeder Topfmulde einen Samen, verschließe die Löcher durch leichtes Rütteln und gieße die Aussaat gut an. Beschrifte deine Aussaat mit Sortennamen und Datum. Jetzt kommt der Deckel drauf und du musst nur einmal am Tag nachsehen, ob deine Samen schon keimen. Das geht recht schnell, innerhalb einer Woche zeigen sich die ersten zarten Keimlinge. Ich mache nach der Keimung den Deckel vom Gewächshaus runter. Die Pflänzchen brauchen Licht und Luft. Wenn du auf der Fensterbank vorziehst, stelle sie tagsüber nach draußen. Im Gewächshaus decke ich sie mit dem Deckel und ein bisschen Folie ab, wenn Frost angesagt ist. Achte darauf, dass die Töpfchen nie austrocknen.

Zuerst zeigen sich die Keimblätter, die sehen bei vielen Sorten ähnlich aus, später dann die typischen Blätter. Wenn die sich gebildet haben, solltest du die Pflänzchen in ein größeres Töpfchen mit einem Durchmesser von ca. 9 cm umtopfen, damit sie weiter gut versorgt werden. Verwende dafür normale torffreie Blumenerde. Die

2

1

2

3

Wenn du **Dahlien** vortreibst, pinziere sie am besten noch in den Töpfen, sie werden dann schön buschig.

Pflanzen können jetzt mehr Nährstoffe vertragen.
Du kannst auch deine Dahlien vortreiben, dann blühen sie früher. Lege die Knollen dafür in Töpfe, bedecke sie mit Erde, gieße leicht an und stelle sie an einen hellen frostfreien Platz. Halte die Erde in den Töpfen nur mäßig feucht. Dahlien haben genügend Kraft in der Knolle, um auch ohne viel zusätzliches Wasser auszutreiben.

VOLLFRÜHLING

Die Apfelbäume blühen, der Vollfrühling ist da. Dein Blumen-Kindergarten hat sich hoffentlich prächtig entwickelt. Nach den Eisheiligen Mitte Mai dürfen die Pflanzen ins Beet umziehen. Das gilt auch für die vorgetriebenen Dahlien. Die Agastachen besorgst du dir als Pflanzen im Gartencenter. Die kommen jetzt auch ins Beet.
Den größten Platzbedarf haben die beiden Dahlien und die Kosmeen, drei Stück passen davon in dein Beet. Setze die Dahlien an eine und die Kosmeen an die andere Seite. Dahlien brauchen eine ordentliche Portion biologischen Langzeitdünger im Pflanzloch. Sie sind echt hungrig. Arbeite den Dünger gut unter. Die Knolle soll ca. 5 cm mit Erde bedeckt sein.

4

1. Noch ist es grün, aber bald sorgen die Kosmeen für Blütenfülle und Farbe.

2. Zinnien halten wunderbar lange in der Vase.

3. Zinnien und Kosmeen regelmäßig für die Vase schneiden, damit sich neue Blüten bilden.

4. Bald sind auch die Dahlien am Start.

Dahlie	**Sommermargerite**		**Agastache**	**Amarant**	**Kosmee**
Kapuziner-kresse	**Zinnie**	**Agastache**	**Zinnie**	**Zinnie**	**Amarant**
Zinnie	**Zinnie**	**Zinnie**	**Sommer-margerite**	**Kapuziner-kresse**	**Kosmee**
Dahlie		**5 bis 6 Sommerastern**			**Kosmee**

Dein Beet im **Vollfrühling**

Dazwischen verteilst du die Agastachen und die restlichen Pflänzchen. Die Sommerastern an den Rand, sie bleiben recht niedrig, den Rest nach Geschmack. Das Beet bietet Platz für sechs bis acht Sommerastern, fünf bis sechs Zinnien, zwei Amaranth, zwei Sommermargeriten und zwei Kapuzinerkressen. Pflanze nicht zu dicht, die Pflanzen werden größer, als du denkst.

FRÜHSOMMER

Im Holunderbusch leuchten weiße Blütendolden, sie kündigen den Frühsommer an. Die Blumen in deinem Beet wachsen üppig, aber noch ist alles grün mit Ausnahme von den Agastachen, die du vielleicht schon blühend gekauft hast. Jetzt musst du ganz stark sein. Um die Blütenanzahl an deinen Pflanzen zu vervielfachen, werden Dahlien, Amaranth, Zinnien und Kosmeen pinziert: Mit einer scharfen Gartenschere oder mit den Fingern zwickst du die Spitze oberhalb eines Blattpaares einfach ab. Sommermargerite, Kapuzinerkresse und Sommeraster bitte nicht pinzieren.
Gegen Ende des Frühsommers, im Juni, bilden sich bei Kosmeen und Zinnien erste Knospen und auch schon die eine oder andere Blüte.

1

2

3

1. Auch Hummeln lieben die zarten Blüten der Agastachen.

2. Die Blüten im Beet ergänzen sich auch im Strauß sehr gut.

3. Die dunkellilafarbenen Blüten der Agastache 'Black Adder' bilden einen schönen Kontrast zu den vorherrschenden Rot-, Apricot- und Rosatönen.

Dahlien und Kosmeen brauchen eine Stütze. Ich verwende am liebsten fertige Staudenstützen. Gibt es in einer einfachen Variante sehr günstig oder ein bisschen teurer und schöner aus rostigem Stahl. Auch der Amarant kann wahrscheinlich eine Stütze gebrauchen. Ihm reicht ein Bambusstock, an dem du ihn festbindest.

HOCHSOMMER

Die Linde blüht, das kannst du riechen, der Hochsommer ist gekommen, um zu bleiben – zumindest für eine Weile. Du kannst jetzt erste Blumensträuße ernten. Schneide die Blüten immer bis zur nächsten Verzweigung ab, das regt die weitere Verzweigung und damit die Blütenneubildung an. Auch wenn du keine Blumensträuße binden willst, solltest du regelmäßig Verblühtes entfernen. Blumen blühen, um Samen zu bilden. Sobald das erledigt ist, hören sie damit auf. Sorge also dafür, dass das nicht passiert und schneide verwelkte Blüten ab, bevor sie Samen bilden. Ansonsten das Gießen nicht vergessen. Lockere die oberste Erdschicht ab und zu auf, dann verdunstet das Wasser nicht so schnell. Du kannst zusätzlich dünn mit Rasenschnitt mulchen, wenn du welchen hast.

Essbare Blüten

Alle Blumen in deinem Schnittblumenbeet sind übrigens essbar. Du kannst sie zur Dekoration von Kuchen und Süßspeisen verwenden. Kapuzinerkresse schmeckt scharf, die Sommermargerite würzig, beide schmecken gut in Salaten. Agastachen riechen und schmecken sehr minzig, du kannst einen Tee daraus zubereiten. Die restlichen Blüten haben einen eher neutralen Geschmack und wirken mehr übers Auge.

SPÄTSOMMER

Wenn sich die Früchte der Eberesche rot färben, beginnt der Spätsommer. Dein Schnittblumenbeet produziert weiter fleißig Blüten, bis zum ersten Frost wird sich daran auch nichts ändern.

Das Beet im Hochsommer: So langsam fangen auch die Dahlien und Sommerastern an zu blühen.

Wenn du eigenes Saatgut gewinnen möchtest, dann lass jeweils eine Pflanze von jeder Sorte Samen bilden. Dafür einfach die verwelkten Blüten stehen lassen. Ich ziehe ein Gazesäckchen über ein paar Blüten, dann gehen die Samen nicht verloren. Schneide die Blüte erst ab, wenn sie braun und ganz trocken ist. Schüttle die Samen heraus, lass sie an einem trockenen Ort ganz durchtrocknen und verpacke sie dann in lichtdichte Tütchen. Beschriften nicht vergessen: Sorte und Jahr. Blumensamen halten meistens nur bis zur nächsten Saison.

FRÜHHERBST

Der Holunder schmückt sich mit schwarzen Beeren, der Sommer ist vorbei, der Frühherbst hält Einzug. Nichts Neues im Schnittblumenbeet, außer dass die Dahlien jetzt in Hochform sind. Schneide dir so viele Blumensträuße, wie du kannst, bald ist der Spaß vorbei.

VOLL- UND SPÄTHERBST

Im Wald fallen jetzt die Früchte der Stiel-Eiche auf den Boden, der Spätherbst ist da und mit ihm die ersten Fröste. Du wirst es als Erste merken, beim leisesten Frosthauch machen deine Blumen leider schlapp. Was gestern noch bunt war, ist heute ein trauriges schwarzes Gerippe. So ist der Kreislauf der Natur nun mal. Es wird Zeit, das Beet leerzuräumen. Alles muss raus, außer den Agastachen. Die sind mehrjährig und einigermaßen frostfest. Die Dahlienknollen lagerst du über Winter ein. Schneide die Stiele bis auf 10 cm ab und lass die Knollen an einem geschützten Platz etwas antrocknen. Die Erde bleibt dran. Wickle sie, wenn sie abgetrocknet sind, in Zeitungspapier und einen Karton ein und lege sie an einen frostfreien dunklen Ort.

Das Beet bedeckst du bis zum nächsten Jahr mit einer dicken Laubschicht. Sie regt das Bodenleben an, Würmer fühlen sich unter ihr sauwohl und bedanken sich mit einem lockeren Boden in der nächsten Saison bei dir.

SELBST VORGEZOGENE ERDNUSSPFLANZEN

Du kannst alle Pflanzen auch vorgezogen kaufen, ist dann nur der halbe Spaß, aber falls etwas nicht gelingt, eine beruhigende Aussicht.

Versuch macht klug

Das Einfach-mal-ausprobieren-Beet

Du liebst Experimente und probierst gerne etwas Neues aus? Dann ist dieses Beet genau das Richtige für dich. Du erntest hier auf 2 × 1 m süße Ananaskirschen und Melonen, würzige Pimientos, leckere chinesische Auberginen und deine eigenen Erdnüsse.

EXPERIMENTIERFREUDE

Draußen ist es noch bitterkalt, nur die Schneeglöckchen schauen schon aus der Erde, aber drinnen in der warmen Wohnung beginnst du jetzt mit den Vorbereitungen für dein experimentelles Beet.

VORFRÜHLING

Du brauchst dafür einen hellen Platz am Fenster und am besten auch ein spezielles Pflanzenlicht. Das Tageslicht reicht bei uns um diese Jahreszeit nicht aus, um gesunde kräftige Pflanzen zu bekommen. Alternativ fängst du ein bisschen später an, dann dauert es halt ein bisschen länger bis zur ersten Ernte. Die Erdnüsse weichst du vor der Aussaat 24 Stunden in Wasser ein. Sie werden dann ganz prall und keimen viel leichter.

Fülle deine Anzuchttöpfchen mit torffreier Aussaaterde und gieße sie an. In jedes Töpfchen kommen jetzt zwei Samen einer Sorte. Wenn beide Samen aufgehen, reißt du den schwächeren einfach raus. Ich fülle jeweils drei Töpfchen mit der gleichen Sorte. Wir brauchen zwar jeweils nur eine Pflanze, aber sicher ist sicher. Wenn du am Ende zu viele Pflanzen hast, findest du bestimmt jemanden, der sich darüber freut. Eine Ausnahme sind die Erdnüsse. Hier wollen wir am Ende fünf Pflanzen haben, du musst also mindestens fünf, besser acht Töpfchen mit Nüssen füllen.

Die Töpfchen kommen jetzt ins Gewächshaus oder an einen anderen, ca. 25 °C warmen und hellen Ort. Unter dem Gewächshausdeckel entsteht ein feuchtes Klima, ideal zum Keimen.

SAATGUT

- Ananaskirsche 'Annalisa'
- Wassermelone 'Sweet Sibirian'
- Honigmelone 'Blentheim'
- Paprika 'Pimientos de Padrón'
- Aubergine 'Chinese Long'
- Erdnüsse

PFLANZEN

- 12 × Salat

Außerdem

- Anzuchtgewächshäuschen
- Aussaaterde
- eventuell Pflanzenlicht

Lüfte den Deckel einmal am Tag, gießen musst du eigentlich nicht mehr, die Erde sollte feucht genug bleiben.
Sobald deine Samen keimen, kannst du den Deckel runternehmen. Ab jetzt musst du darauf achten, dass deine Töpfchen nicht austrocknen. Sie dürfen jetzt auch etwas kälter stehen, aber nicht unter 18 bis 20 °C. Wichtig ist, dass sie genügend Licht bekommen. Wenn du ein Pflanzenlicht hast, stell die Pflänzchen direkt darunter und lasse es mindestens 12, besser 14 Stunden an.
Die Pflanzen bilden unterschiedlich schnell erste richtige Blätter. Wenn es soweit ist, topfe sie in ein etwas größeres Töpfchen mit torffreier Pflanzerde um. Die Erdnüsse mögen keine Staunässe, austrocknen dürfen sie aber auch nicht, sind kleine Sensibelchen, um die du dich gut kümmern musst.

ERSTFRÜHLING

Die Forsythie blüht, deine Pflänzchen haben sich gut entwickelt, raus dürfen sie aber noch lange nicht. Wenn es in den Töpfchen zu eng wird, musst du sie noch einmal in ein größeres Töpfchen mit frischer Erde umtopfen. Wenn sie in dem Töpfchen bleiben können, gönne ihnen ein bisschen organischen Flüssigdünger, ein Viertel der empfohlenen Dosierung reicht aus.
Damit dir nicht langweilig wird, besorge dir im Gartencenter vorgezogene Salatpflänzchen und setzte sie Anfang April in dein Hochbeet. Vier Köpfe in eine Reihe, Abstand zwischen den Reihen 30 cm. Salat nicht tiefer pflanzen, als er vorher stand. Bis deine Pflanzen einziehen dürfen, hast du die Köpfe alle geerntet.

VOLLFRÜHLING

Die Apfelbaumblüte ist für mich immer ein Highlight. Jetzt fühlt es sich richtig nach Frühling an. Trotzdem kann es nachts noch zu Frösten kommen. Deine Pflänzchen dürfen erst raus, wenn diese Gefahr gebannt ist, also nach den Eisheiligen Mitte Mai.
Die beiden Melonen, die Aubergine und die Pimientos bekommen eine Handvoll organischen Langzeitdünger mit ins Pflanzloch. Gut unterarbeiten, damit die Wurzeln nicht auf dem Dünger sitzen. Alles gut angießen.

FRÜHSOMMER

Die Holunderblüten leuchten weiß, die Pflanzen in deinem Beet wachsen und gedeihen. Pass ein bisschen auf, dass die beiden Melonen nicht das ganze Beet übernehmen. Leite ihre Ranken aus dem Beet raus. Immer schön gießen, sonst hast du im Frühsommer nichts zu tun.

HOCHSOMMER

Riechst du die Lindenblüten? Sie kündigen den Hochsommer an. In deinem experimentellen Beet kannst du jetzt erste Ananaskirschen ernten oder besser gesagt aufsammeln. Sobald die Früchte reif sind, fallen sie auf den Boden und du musst sie nur

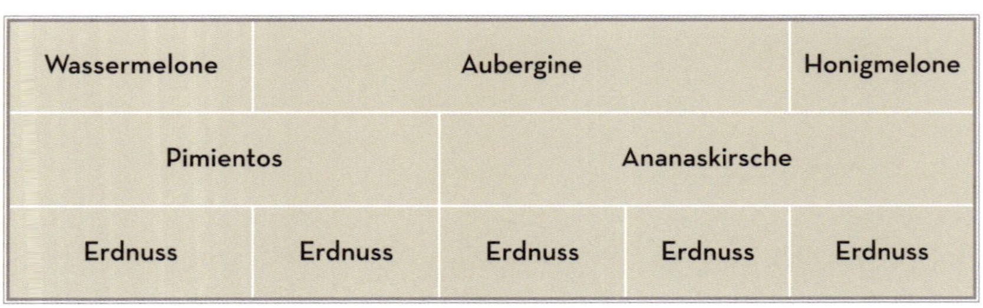

Dein Beet ab **Vollfrühling**

1

2

3

4

1. Pimientos de Padron bilden laufend neue Früchte, wenn du sie regelmäßig durcherntest. Achtung: Auch bei milden Sorten kann mal eine scharfe Schote dazwischen sein.

2. Leite die Melonenranken aus dem Beet, damit die anderen Pflanzen genügend Platz haben.

3. Die Melone verfärbt sich gelb, wenn sie reif wird.

4. Am Ende dieser Ranken wachsen die Erdnüsse.

auflesen. An den Pimientos bilden sich auch erste Früchte. Schau sie regelmäßig durch. Geerntet wird ab einer Größe von 3 cm. Sie schmecken köstlich mit Olivenöl in der Pfanne gebraten, mit Salzflocken bestreut und dazu ein Stück Fladenbrot.

SPÄTSOMMER

Der Spätsommer beginnt, wenn sich die Früchte der Eberesche rot färben. Du erntest regelmäßig Ananaskirschen und Pimientos und jetzt auch die ersten Auberginen. Ihren Reifegrad erkennst du daran, dass die Schale glänzt (siehe S. 53).
Die Melonen brauchen jeden Sonnenstrahl, den sie kriegen können, um so richtig süß zu werden. Lass die Früchte noch bis Ende August oder bis in den September hinein hängen. Auch die Erdnüsse brauchen noch Zeit. Zwischen Aussaat und Ernte sollten sechs Monate liegen. Vielleicht siehst du schon,

1

1. Sieht nach einem gelungenen Experiment aus, oder?

2. Ananaskirschen fallen von selbst ab, wenn sie reif sind.

2

wie sich die gelben Blüten in winzige Nüsse verwandeln. Sie senken sich in die Erde und wachsen dort weiter.

FRÜHHERBST

Schwarze Beeren am Holunder, der Sommer ist vorbei, der Frühherbst ist gekommen. Es wird Zeit, die erste Melone zu probieren. Ernte die Frucht, die am besten aussieht. Schmeckt sie schon süß? Wie süß Melonen in unseren Breitengraden werden, hängt hauptsächlich davon ab, wie sonnig und warm der Sommer war. Das kannst du leider wenig beeinflussen.

VOLL- UND SPÄTHERBST

Im Wald liegen die Früchte der Stiel-Eiche auf dem Boden, der Oktober bringt meistens auch den ersten Frost. Den Pflänzchen in deinem Beet ist es jetzt zu kalt. Ernte alles ab und nimm die Pflanzen dann aus dem Beet.

Die Erdnüsse zum Schluss, steche mit einer Schaufel tief unter die Pflanze und hebe sie mit den Wurzeln heraus. Siehst du die kleinen Nüsse in der dunklen Erde leuchten? Wenn alles gut gelaufen ist, kommt ein kleines Körbchen mit Erdnüssen zusammen. Ich röste sie gerne in der Pfanne an und streue sie, grob gehackt, als Topping über asiatische Gerichte.

Dein Hochbeet bedeckst du mit einer dicken Laubschicht oder du säst noch eine Gründüngung (siehe S. 74) ein. Das schützt die Erde im Winter vor Kälte und Austrocknung und bereitet dein Beet gut auf die nächste Garten-Saison vor.

AUBERGINEN
sind erst reif wenn sie glänzen

FÜR EINE HANDVOLL NÜSSE
Also, ein paar mehr waren es schon …

Service

ZUM WEITERLESEN

Diez, Otmar: **Was mache ich wann im Gemüsegarten?** Bild für Bild durchs Gemüseleben: Aussaat, Pflanzung & Ernte auf einen Blick. Kosmos

Engwert, Carolin : **Abenteuer Garten.** Mein erstes Jahr im Schrebergarten. Das Anfängerbuch für alle Kleingärtner. Kosmos

Gaßner, Manuela: **Wenn nicht jetzt, wann dann?** Ressourcenschonend & nachhaltig gärtnern.

Mayer, Joachim und Treml, Franz-Xaver: **Biodünger selbst herstellen.** 50 Rezepte für gesunde Pflanzen. Kosmos

NÜTZLICHE ADRESSEN

Saatgut

www.bingenheimersaaatgut.de
www.biogartenversand.de
www.deaflora.de
www.dreschflegel-saatgut.de
www.keimzeit.de
www.themostsecretgarden.com

Stauden und Kräuter

www.bio-kraeuter.de
www.lubera.com
www.syringa-pflanzen.de

Kartoffeln

www.biogartenversand.de
www.kartoffelkult.de
www.kartoffelvielfalt.de

Dahlien

www.gartenzauber.com
www.mycottagegarden.de

Nützlinge und Kompostwürmer

www.neudorff.de
www.wurmwelten.de

Terra Preta

www.neudorff.de
www.pflanzenkohle.de

Gartengeräte & Hilfsmittel

www.biogartenversand.de
www.golden-rabbit.de
www.krumpholz.1799.de

Pflanzenlampen

www.rombergshop.de
www.venso-ecosolutions.de

Phänologische Uhr

www.dwd.de

REGISTER

BILDNACHWEIS

236 Farbfotos wurden von Andreas Lauermann für dieses Buch aufgenommen.
2 weitere Farbfotos von Annika Fußwinkel: 3 u.li; Skrypnykov Dmytro/Shutterstock.com: 22 u.

Mit 1 Illustration vom Deutschen Wetterdienst (www.dwd.de).

IMPRESSUM

Umschlag- und Klappengestaltung von GRAMISCI Editorialdesign/Sandra Gramisci unter Verwendung von 13 Farbfotos von Andreas Lauermann und 1 Farbfoto von Annika Fußwinkel (Außenklappe hinten).

Mit 252 Farbfotos und 1 Farbzeichnung.

Alle Angaben in diesem Buch sind sorgfältig geprüft und geben den neuesten Wissensstand bei der Veröffentlichung wieder. Da sich das Wissen aber laufend in rascher Folge weiterentwickelt und vergrößert, muss jeder Anwender prüfen, ob die Angaben nicht durch neuere Erkenntnisse überholt sind. Dazu muss er zum Beispiel Beipackzettel zu Dünge-, Pflanzenschutz- bzw. Pflanzenpflegemitteln lesen und genau befolgen sowie Gebrauchsanweisungen und Gesetze beachten.
Die Blütenfarben sind sortenabhängig, daher können auch Farben auf dem Markt sein, die im Buch nicht genannt werden. Die Blütezeiten sind ebenfalls sortenabhängig, aber auch klima- und standortabhängig. Die angegebenen Wuchshöhen und -breiten der Pflanzen sind Mittelwerte. Sie können je nach Nährstoffgehalt des Bodens variieren. Verschiedene Sorten können deutlich größer oder auch kleiner wachsen als die Art.

Gedruckt auf umweltfreundlichem Papier, klimaneutral hergestellt.

ISBN 978-3-440-17381-7
Projektleitung: Carolin Küßner
Redaktion und Bildredaktion: Carolin Küßner
Gestaltungskonzept: GRAMISCI Editorialdesign, München
Gestaltung und Satz: Katrin Kleinschrot, Stuttgart
Produktion: Klaus Jost
Druck und Bindung: Gugler GmbH, A-Melk/Donau
Printed in Austria / Imprimé in Autriche

print 4 climate®
klimapositiv gedruckt

– produziert nach den Richtlinien des Österreichischen Umweltzeichens, Gugler GmbH, UW-Nr. 609, www.gugler.at

PurePrint®
innovated by gugler* DruckSinn
Gesund. Rückstandsfrei. Klimapositiv.
drucksinn.at

Selbst angebaut — schmeckt am besten

144 Seit n

Statt Rasen wünschen sich immer mehr Gartenbesitzer:innen, ihre grüne Oase mit Obst, Gemüse und Kräutern in ein Ernteparadies zu verwandeln. Wie das selbst auf kleinster Fläche gelingen kann, zeigt die SPIEGEL Bestseller-Autorin Anja Klein in diesem Buch mit vielen nützlichen Tipps, Ideen und Lösungen aus ihrem eigenen Garten.

kosmos.de

Auf **DER-KLEINE-HORROR-GARTEN.DE** zeigen wir dir, dass Gärtnern mit den richtigen Informationen jede Menge Spaß macht. Hier findest du alles, was du über Gemüse, Kräuter, Blumen, Nützlinge und das naturnahe Gärtnern wissen musst. Dazu tolle DIYs und leckere, meist vegetarische oder vegane Rezepte, in denen Gemüse aus dem Garten die Hauptrolle spielt.

Unser Garten wird nach den Grundsätzen des Bioanbaus bewirtschaftet. Wir nutzen ausschließlich organische Dünger, arbeiten torffrei und verwenden alte samenfeste Gemüsesorten. Weil es besser schmeckt – uns und unserer Umwelt.

Du findest uns auch auf Instagram, Pinterest und YouTube jeweils unter **@derkleinehorrorgarten**. Wir freuen uns auf allen unseren Kanälen über dein Feedback, falls du Fragen hast, immer her damit, wir beantworten sie dir gerne.